An Innovation for Business
and Social Sectors

pro bono
プロボノ

新しい社会貢献　新しい働き方

嵯峨生馬

勁草書房

プロボノ

目次

目次

序章　プロボノ人間模様

プロボノのある風景

シーン1：ある土曜日の朝一〇時三〇分、渋谷

渋谷のマンションの一室にある筆者の事務所では、月数回、「プロボノ」に関心を持つ人に向けた説明会が開催されている。この日集まったのは十二人。年代は二〇代から四〇代まで、男女はほぼ半数だ。

最初は自己紹介から始まる。メーカー、商社、広告会社、人材派遣会社、ＩＴ会社などに勤める会社員や、個人事務所で活躍するグラフィックデザイナーなど、多彩なバックグラウンドを持った社会人たちだ。それぞれ「プロボノ」という考え方に関心を持って、この場に足を運んできた。

自己紹介が終わると、事務局スタッフから説明が三〇分ほどあり、その後、質問の時間に移る。真剣に耳を傾けていた参加者たちから、手が挙がる。

「ボランティアする時間は週五時間が目安ということですが、本当に仕事と両立できるのでしょうか？」

「仕事が急に忙しくなったら参加できなくても構わないのでしょうか？」

「チームを編成する際、どんなことを目安にしているのですか？」

「いままでプロジェクトをやって、うまくいかなかったことはありますか?」
「自分が興味を持てないNPOだった場合は、断ってもいいのでしょうか?」
「どのような基準でNPOを選んでいるのですか?」

それぞれ、自分自身が関わることをイメージしながら質問を投げかけてくる。それに対して、ボランティア活動ならではのリラックスした雰囲気であることや、参加する人自身が楽しんだり、参加することを意義あるものにするためのヒントなどの回答が聞こえてくる。

ひと通りの質疑応答が終わって約一時間。最後は、その場に居合わせた人どうしが名刺交換をしたり、ちょっとした立ち話をしたりして、打ち解けた感じで説明会は終わる。

シーン2:ある平日の夜七時三〇分、新宿の雑居ビル

この日はプロボノに参加するメンバーが、はじめてNPOの事務局を訪問する日だ。向かう先のNPOは、ドメスティックバイオレンス(DV)の被害に遭った女性を支援する団体。

メンバーは、このNPOの事務局スタッフから、DVに関して、初めて耳にするさまざまな事実を教えられる。女性の三人に一人は男性から暴力を受けたことがある、女性の十人に一人は男性から身の危険を感じるほどの執拗な暴力を受けたことがある、そして、三日に一人、夫が妻を殺害する殺人事件が日本国内で起きている……。

プロボノに参加するメンバーたちはそれでも冷静に質問を繰り出す。NPOがメッセージを伝えたい対象は誰か、その人たちは日ごろどのような仕事や生活をしている人たちか、どのようなニーズを持っているか、その人たちはDVに対してどの程度の知識や理解を持っているか、その人たちにNPOがメッセージを伝えることでどのような行動を喚起したいと思うか、それがNPOにとってどういうメリットをもたらすのか。

さまざまな質問のやり取りを行った後、その後のリサーチに必要なヒアリング先や文献を紹介してもらい、この日の打ち合わせは約二時間で終了。プロボノ参加メンバーたちは、一人ひとり、その日に得た大量のインプットを頭の中で咀嚼しながら、家路につく。

シーン3：ある土曜日の昼下がり、都内のカジュアル・フレンチ・レストラン

店内にはプロボノのプロジェクトに参加したメンバー六人と、プロボノによって支援を受けたNPOのスタッフ三人とが一堂に会した。約半年間をかけて、NPOのホームページをリニューアルするプロジェクトが完了し、お互いの労をねぎらう懇親の場だ。

グラスにワインが注がれると、軽やかに乾杯。テーブルに食事が供されるとともに、プロジェクトを振り返りながら、さまざまなエピソードがやり取りされた。

「キャッチコピーのあの一言は、最終的にどうやってNPOの内部で決められたのですか？」

「NPOの会員の中でもいろいろな意見が出ました。でも、最後の最後は、事務局の私が決めるからと断って、なんとか最終決断をさせてもらったんです」

たった一語の使い方で、意図することが大きく変わる。NPOのことを深く理解したうえでの正確なコピーライティングは、言葉による表現の面白さと力強さを感じさせてくれる。

「週五時間ぐらいというお話でしたが、本当はみなさん、どれぐらい作業されたのですか？」

「多いときで週に十時間を超えることもありましたが、でもそれほどでもないです」

淡々とプロジェクトメンバーは答えたが、実際には半年間のプロジェクトを通じて、プロジェクトチーム内で何百通もの電子メールが飛び交う。密な情報の共有と交換を経て、成果物が生み出されている。

「今回のホームページ制作は、本当に、私たちにとって五年越しの願いでした。それをここまで見事な形で成し遂げていただきました。とても私たちが自力ではできなかったことです。本当にありがとうございます」

ＮＰＯにとって、人材や資金の不足により、気持ちはあっても実現できないでいることは山積している。その最たるものが、広報やマーケティングの分野だ。だが、ＮＰＯの活動が社会にとって有意義なものであるならば、より多くの人に的確に伝えることができれば、社会の中で必要としている人を一人でも多くサポートすることができる。そのための力が、必要なのだ。

いま、「プロボノ」を始める人が増えている。

プロボノは、日ごろ仕事にいそしむ社会人が、自らの知恵とスキルと少しの時間をつかってできる、社会貢献の新しい選択肢だ。

いわゆる従来型のボランティアでも、寄付でもない、プロボノ。

社会的・公共的な目的のために自身の仕事における経験やスキルを生かす、という「プロボノ」の考え方は、日々忙しく働く社会人の視点、NPOの視点、あるいは日本における公共領域のあり方をめぐる視点など、さまざまな角度から、注目を集めつつある。果たして、プロボノには、どのような可能性があるのだろう。そこに光を当てることが、本書の役割である。

予期せぬ出会い

二〇〇四年三月。サンフランシスコの市街地にある、とある雑居ビルの中にあるNPOの事務所。

筆者は、サンフランシスコのいくつかのNPOや行政機関を訪問しながら、NPOの資金調達に関する調査を行っていた。当時、筆者はシンクタンクの研究員として、地域通貨やNPOに関する業務を担当していた。今回の米国出張は、中央官庁からの依頼を受けた調査の一環として、特にまちづくりや自然環境保全などの分野で活動するNPOがどのようにして資金調達を行い、事業を運営しているかについて、米国の事例を調べるというものだった。

訪問したNPOは、四つの財源を几帳面なほどバランスよく整えている。寄付金、会費、助成金、そして、年に一度大きなイベントを開いており、その参加費による事業収入。それらがほぼ四分の一ずつ収入源を構成している。日本のNPOは、行政からの補助金や委託事業費が大半を占めるといわれるが、それとは大きく異なる、成熟したNPOの運営モデルの典型といえるものだった。とても感心させられながら小一時間のヒアリングを終えた。

ヒアリングの締めくくりに、NPOのスタッフが「そういえば、私たちのホームページが週明けからリニューアルされますよ。そこにも情報が載っているから見てみてくださいね」と言った。

「そのホームページは、タップルートファウンデーションというところがつくってくれたんですよ」

「タップルートファウンデーション?」――ヒアリングの最後に出てきた、この耳慣れない組織の名前が、筆者がプロボノを知る最初のきっかけとなった。

それはまるで予期しない出会いだった。その場では、へえ、そんな団体もあるんだ、というぐらいにしか思わなかった。しかし帰国後、米国出張の調査資料をまとめているときに、本当の衝撃が訪れた。インターネットを検索して見つけたタップルートファウンデーション（以下、「タップルート」）のウェブサイト。「まさか、こんな活動があったとは!」と、心躍るような気持ちをおさえることができなかった。

NPO運営者の「孤独」

それには背景があった。

さかのぼること二年半前の二〇〇一年十月。筆者は渋谷を拠点とする地域通貨のプロジェクト「アースデイマネー」の設立に参画し、以来その運営を続けていた。立ち上がり当初、熱気に包まれていたこの活動も、しばらく経つと当初ほどの勢いは衰え、事務局運営を担うボランティアの数も減っていった。

それでも時折、アースデイマネーを応援するコメントを、いろいろな人からいただいた。

「アースデイマネー、本当にいいしくみですよね。お店とかにももっと営業したらいいと思います」

「もっといろんなお店で使えるようになったらいいんじゃないですか。例えば某有名カフェチェーン店とか」

「もっと認知度が上がるといいですよね。みんながよく読む雑誌とかに載せてもらったらいいんじゃないですか」

「いろんなイベントをやって、盛り上げていったらいいと思いますよ」

「今度トークライブやるんで来てくれませんか。活動のアピールに使っていただければ。予算がないんで謝礼とかは特に出せないですけど」

どれもアイデアとしては素晴らしいし、この活動を応援しようと思って声をかけてくれているわけで、有難い話であることには違いない。だが、こうした良いアイデアをいただけばいただくほど、自分が何もできないことを痛感させられ、気持ちが鬱屈してくるということを身をもって感じさせられたのも、当時の偽らざる心境だった。営業に行くのも、企業と連携するのも、雑誌に記事を載せてもらうのも、イベントをやるのも、そのアイデアを具現化させるためには、それなりの企画と実行のための時間と力が必要だ。だが、自分の周囲を見回してみて、本当にそれができる人がどこにいるのだろう。

しばしば、NPOを運営する側に立つ人たちの間では、ボランティアについて、次のように言うのを耳にする。

「参加はするが、運営はしない」。

これは、単発的なイベントや、お膳立てがしっかりなされた活動にはボランティアが集まるが、継続的な参加を必要とする活動だったり、事前準備や事後のフォローなどを含めた運営管理業務にはボランティアを集めるのは難しい、ということを意味するものだ。だが、NPOにとって喉から手が出るほど欲しいのは、運営に関わって、しかも、成果を生み出せる人材なのだ。ないものねだりかもしれないが、NPOには、やりたいことや期待されることは山ほどある。だが、実際にやり切れることが少ないのがNPOの現実でもある。そのことを、アースデイマネーの運営を通じてひしひしと感じていた。

だからこそ、タップルートの存在は驚きだった。

多彩なビジネススキルをもったボランティアが、ＮＰＯの運営に必要な基盤となる支援を提供し、ＮＰＯの活動に大きな成果をもたらしていることが謳われていたからだ。

タップルートのウェブサイトには、マーケティングやデザインなどの経験を持つボランティアが幅広く集まり、サンフランシスコ周辺で活躍するいろいろな分野のＮＰＯを応援し、ＮＰＯのロゴマークを刷新したり、パンフレットを制作したことで、寄付が集まったり、寄贈品が数多く集まったり、会員が増えたりしたといったサクセスストーリーが並んでいた。

ボランティアがＮＰＯの運営の重要な部分に関わって、しかも組織の中で機能し、最終的にＮＰＯに成果をもたらしてくれる。

果たしてそんなことが本当に可能なのだろうか、とも思った。

ＮＰＯの運営における何とも言えない難しさを感じていた筆者は、「こんなサポートがあったら、少なくとも自分が使ってみたい」。そのような、実に素朴な動機のもと、タップルートという団体が実際にはどのような組織で、一体どのような形で運営されているかをこの目で確かめるため、再びサンフランシスコに飛んだ。二〇〇四年五月のことである。

アグレッシブなＮＰＯ

タップルートを実際に訪れるまでの敷居は、決して低くはなかった。ホームページ上に公開されている電子メールアドレスに一通、返事がないのでもう一通、返事がないのでファックス、それでも返事がないのでオフィスに電話をかけ、電話口の担当者の人に電子メールを送り、ようやくコミュニケーションが可能になった。

「見知らぬ人からの電子メールで添付ファイルがついているものは、迷惑メールと扱われることも多いですから」となんとも素っ気ない対応だった。そこで、こちらの意図を説明し、訪問時の質問事項などもリストアップし、ようやくアポイントを取ることができた。それまでに一ヵ月もの月日が過ぎていたが、なんとかして、代表者に会えることになった。

代表のアーロン・ハーストは、自分と同じ一九七四年生まれだ。サンフランシスコの中心部にあるユニオンスクエアから数分の場所にあるビルの三階、天井の高いタップルートのオフィスを訪れると、カジュアルな装いのアーロンが現れた。さっそく自己紹介からはじめ、自分自身もアースデイマネーというＮＰＯを運営しており、ＮＰＯが活躍する新しい文化をつくりたいと思っていること、と同時に、その日々の運営にはあれこれ苦労していることなどを有り体に伝えた。

その間、アーロンは時々頷きながら聞いていたが、あまり詳しく話さなくてもほとんど内容は分かったという風で、どんどん話を前へ前へと進めていくべき勢いを感じた。ほどなく筆者からタップルートへの質問に入った。

「タップルートの設立は二〇〇一年と聞いていますが、試験的に取り組みを始めたのはいつごろですか？」

「二〇〇一年さ」

「ということは、設立と同時に最初のプロジェクトを始めたということですか？　準備作業などは特になく？」

「二〇〇一年一月に最初のプロジェクトを始めて、その年の冬に設立したんだ」

「ずいぶんと短期間で立ち上げたんですね」

「そうさ」

「その後、どんどんプロジェクト数も増えていますね」

「僕はアグレッシブだからね」

筆者の質問がだらだらと長いのに対して、アーロンの返答は数秒で終わってしまう。そんな不均衡きわまりないインタビューだった。

確かに、アーロンから届くメールもそんな感じだった。Dear も Hello もなく、いきなり内容に入る。そして、短ければ数単語、長いときでも数行。その中に必要なことがすべて入っている。恐ろしく合理的な人物だった。そのメールの人物像そのままの受け答えが、対面のインタビューでも繰り広げられた。

小さく産んで大きく育てる

そんな彼から受けたアドバイスが「小さく産んで大きく育てる」というものだった。「最初は数件程度のプロジェクトを着実に動かすところからスタートするのがいい」

二〇〇五年当時でも、サンフランシスコ・ベイエリアで活動するＮＰＯを対象に、年間約一二〇件のプロボノプロジェクトを運営するという高いパフォーマンスを見せていたタップルートだが、最初に始めたときは慎重なスタートを切ったということだ。それには少し勇気づけられた。

サンフランシスコに訪問した期間はわずか三日間だったが、限られた時間の中でもいくつものヒントを得ることができた。ちょうどアーロンの話を聞いた日の晩、あるプロジェクトチームのキックオフの会合があると聞き、筆者はオブザーバーとしてその会合に同席させてもらえることになった。

夕方七時。会議室には六人のメンバーが集まった。この日が初対面という彼らは、まずはアイスブレーキングから始まる。「近頃最も気恥ずかしかったこととは？」を題材にユーモアを交えての自己紹介。場が和んだところでプロジェクトの打ち合わせが始まる。このチームが取り組むのは、ベイエリアで性的マイノリティーを支援する当事者団体のロゴマークを刷新すること。打ち合わせの進行役となる人物が、支援先のＮＰＯの活動概要を紹介したうえで、ＮＰＯが過去に制作したという、いささか分かりづらく、デザイン面でも見劣りするパンフレット類を見せながら、ＮＰＯの課題を伝えていく。先ほどのアイスブレーキングとは打って変わった真剣モードだ。さながら、特殊なミッションのために召集されたチームが、ボスから新たな指令を受ける瞬間。そんな緊張感も漂う。ひと通り今回のプロジェクトの概要についての説明が終わるとすぐに、メンバー全員で次のアクションに向けての議論に入る。

二時間の打ち合わせが終わるときには、次回、ＮＰＯに訪問する前にすべきアクションプログラムが十項目ほどに整理され、六人のメンバーそれぞれの担当が決まった。九時ちょっと前、予定通り打ち合わせは終了。実に整然とした打ち合わせだった。

翌日、サンフランシスコ市内のＮＰＯの事務所を訪問した。ベイエリア周辺の海洋環境保全に取り組む団体も、タップルートからウェブサイトの支援を受けたＮＰＯのひとつだ。その事務局長は、意外にも、「ウェブサイトの改善もさることながら、自分たちの組織の価値を見つめ直す機会になったよ」と教えてくれた。

バークレーにある、身体障害者のノーマライゼーションに取り組むＮＰＯも訪問した。そこでは、非営利セクターが大きな発展を見せる米国といえども、企業人とＮＰＯとが交流する機会は想像以上に少ないということを教えられた。「タップルートのボランティアは、ふだん私たちの活動では滅多に出会わないような人たちなのよ。」そして、そのNPOの事務局のスタッフは、プロボノのメンバーが初めてNPOの事務所を訪れた際のことを思い出しながら「私たちのこの雑然とした事務所を見て、ファンキーな事務所、と言って珍しがっていたわ！」と、当時のエピソードを紹介してくれた。

タップルート事務所でスタッフと共に（右端がアーロン、右から3人目が筆者）

筆者は、このことにまた勇気づけられた。

非営利セクターがこれほどまでに成長した米国でも、ビジネスでバリバリ働く人たちは、NPOにとって、依然として縁遠い存在なのかもしれない。その点は、日本とそれほど変わらないではないか。また、米国には日本と比較にならないほど数多くのNPOが存在し、一団体ごとの規模も大きいと言われているが、実際に一つひとつのNPOを訪ねてみると、事務局スタッフが数人ということもごく普通であり、事務所も決して広くなく、立派というよりは、どことなく心地よく散らかった場所、という趣だった。

米国と比べたら数こそ少ないが、こうした規模感や雰囲気で運営されているＮＰＯなら、日本にも似たようなものがいくつも存在する。米国にあって日本にないものは、数百人規模の巨大ＮＰＯの存在であって、およそ百五十万団体と言われる米国のＮＰＯの中には、当然、小規模な団体も数多く存在し、そのカルチャー、そこにいる事務局スタッフやボランティアの雰囲気は、日本のＮＰＯとも相通ずるものがあると感じられた。

日本人の働き方こそ心配

米国と日本とで、ＮＰＯの置かれた状況についてはそれなりに共通点を見出すことができた筆者だが、今度は、プロボノとしてスキルを提供する側はどうだろう、という懸念が頭をもたげてきた。平日の夕方七時にメンバー六人が時間通りに集まり、初対面の中で打ち合わせを進め、二時間後にその会議なりの結論に至って解散する。こうした打ち合わせを六、七回行い、あとは各自作業を進める。そして、半年後には、ウェブサイトやパンフレットなど、具体的な成果物を生み出して、プロジェクトを見事に完了させている。そんなことが、果たして日本でも可能なのだろうか。

実際、筆者の拙い職務経験からも、さまざまな面倒なプロジェクトの記憶がよみがえる。前職のシンクタンクでは、主に、官公庁や民間企業を顧客として、報告書や戦略提案書を成果物としていたが、往々にしてスケジュールが遅れて、年度末の三月が九十日間続く、というような状況が起こった。当初想定した以上の業務が発生してその対応に追われたり、顧客の要望を押し返そうと頑張っても押し返しきれずに業務量が増えてしまったり、挙句の果ては、十分な注意ができずに思わぬミスを犯し上司を連れて謝罪に訪問するという余分な負荷を発生させてしまったり……。兎にも角にも、ビジネスライクに事を運びたいと思っても、いろいろと仕切りの悪いことばかりで、物事がうまく運ばないことも多かった。深夜まで仕事することも多く、夜七時に集まってプロボノに参加する、などという豊かな気持ちに自分を切り替えられるかどうか、についてもかなり不安だった。日本のNPOの現状を心配するよりも、このような働き方をしている、少なくとも自分のような日本の企業人が、果たして、業種や職種、企業の壁を超えて、また、「自己流」という癖を超えて、数名のメンバーとチームワークよくプロジェクトを運んでいけるのだろうか。その方が、心配になってきた。

帰国後、アーロンにお礼のメールを出すと、すぐさま彼から「ブループリント」という資料が届いた。そこには、筆者の想定をはるかに上回る緻密さと正確さで、プロボノのプロジェクトの進め方が記述されていた。その内容は第4章で詳述するが、プロジェクトをフェーズ（期間）ごとに区切り、それぞれのフェーズの中でもさらに細かくステップが分かれ、それぞれのステップの中で開かれるミーティングについては出席者とその役割、進行の順序、決定すべき事項などが書き込まれている。全部で八〇ページ以上にわたる資料には、プロジェクトを立ち上げてから最終的に完了させるまでの文字通りすべての出来事が網羅されていた。

「こんなの、会社でも見たことないな」

それが最初に抱いた感想だった。

そしてすぐさま、もう一つ、別の思いが浮かんだ。

「こういうのが、日本の会社にあったら、もう少し働き方も変わるな」

プロボノは、あくまで、公共的な利益のもとに活動するＮＰＯ等を応援する、社会貢献のための活動だ。だが、プロボノを通じて、参加する人自身も、自分の働き方を改善することができるのではないか。タップルートのアーロンが送ってくれた「ブループリント」には、そう予感させるだけの迫力があった。

国際比較調査でも、しばしば、日本のホワイトカラーは生産性が低いと言われている。もしかすると、生産性の低い日本のホワイトカラーの働き方を、プロボノという機会を通じて改善することができてしまうのかもしれない。そんな思いがふとよぎったことも、筆者がプロボノに深く興味を持つようになったきっかけだった。

ＮＰＯは人生を豊かにする

ところで、ここで少しだけ、筆者のごく身近な話をすることをお許しいただきたい。筆者には今、四才になる長男がいる。遊びが大好きで、日々いろいろとおかしなことを言っては家族を笑わせてくれる。実は筆者は、あるＮＰＯとの関わりがきっかけで、意識的に子どもと遊ぶようにしている。逆にいえば、そのＮＰＯと出会っていなかったら、いまほど子どもと遊ぶということをしていなかったかもしれない。

ＮＰＯ法人病気の子ども支援ネットは、小児病棟に入院する難病の子どもたちと毎週欠かさず、継続的に「遊ぶ」ということを通じて、子どもの心身の発達と、看病にあたる親や医療関係者のサポートに取り組んでいる団体だ。

筆者は、この団体のウェブサイトを刷新するプロボノのプロジェクトをコーディネイトする立場として関わったわけだが、そもそも子どもにとっての「遊び」の価値を、このＮＰＯと出会うまで深く自覚したことはなかった。ところが、プロボノプロジェクトを通じてこのＮＰＯの活動内容を詳しくヒアリングしてみて、子どもにとって「遊び」とは単なる遊び＝余分なものではなく、むしろ遊ぶことがなければ子どもは心身の成長も安定もできないのだということ、つまり、遊びは子どもにとって生きることと同義であるということを教えてもらった。

自分の子どもは、幸い、いまのところ大きな病気にかかったりせずに過ごしているので、このNPOに直接的にお世話になってはいない。だが、このNPOが発している、「遊び」というものが子どもにとってこれほど重要なものであるというメッセージが、自分の子どもに対する態度に大きく影響し、そして間接的には、自分の子どものいまの元気につながっている。

NPOは、自分にとって表向きは「支援の対象」かもしれないが、実際には、NPOと関われば関わるほど、自分自身が知らなかったことを教えてもらい、それから先の人生において生かしていけるエッセンスを凝縮した形で持っている人たちなのだ、ということに気づかされる。

もちろん、こうした学びを提供してくれるのは、NPOだけに限った話ではないだろう。だが、少なくとも、ふつうに会社に勤めているだけの生活を送るよりは、何らかの形であれ、NPOに関わった方が、人は充実した生活を送ることができる。NPOが持つ数々の深い知見の多くは、まだ残念ながら「知る人ぞ知る」という状況だ。だが本当はそれではいけないのではないか。

＊　＊

本書は、社会人が自らのスキルを生かして取り組む社会貢献活動「プロボノ」に関する総合的な視点を提供するものである。

第1章では、プロボノに関する前提となる基礎知識を整理する。プロボノとは何か、にはじまり、プロボノと他のボランティア等との違いを明確にすると同時に、プロボノが注目されるにいたった社会的背景などについても整理する。

第2章では、NPOの視点に立って議論を展開する。NPOの置かれた現状と課題、そして、NPOが本来目指すべきものとは何か、といった根本に立ち、その上で、プロボノがNPOにどのような形で寄与する可能性があるかを議論する。

続く第3章では、プロボノに参加するビジネスパーソンの視点に立つ。ここでは、いくつかのマクロデータをもとに現代のビジネスパーソンの置かれた環境を把握するとともに、筆者が運営するNPO法人「サービスグラント」に登録するプロボノワーカーのデータをもとに、プロボノに参加する側の動機を分析する。

第4章では、プロボノが抱えるリスクと、プロボノによるNPO支援活動を成功させるためのエッセンスをひもとく。ビジネスと非営利というまったく異なる背景のもとで、プロジェクトを成功させるために必要なこととは何か。そのためのテクニックも含め詳述していく。

最終章となる第5章では、公共領域におけるプロボノの可能性を模索する。現在、筆者が運営するサービスグラントでは、NPOの広報・マーケティング支援を中心にプロボノ活動を行っているが、本来のプロボノの射程はずっと幅広く奥が深いはずだ。そこで、プロボノの今後の可能性を押し広げ、どのような対象に向けて、どのようなプロボノが可能であるか、将来を展望してみたい。

第1章　プロボノとは

まずは、プロボノに関する基本的な考え方を共有するところからスタートしよう。

プロボノとはそもそもどういう意味か、従来からあるボランティア活動とどこが違うのか、プロボノが注目される時代背景とは何か、そして、いま注目されるプロボノにはどのような特徴があるのか。プロボノについての導入となる本章では、こうしたことを大まかに見ていくことにしよう。

1　プロボノとは

プロボノの語源は、ラテン語の「公共善のために（Pro Bono Publico）」という言葉に由来する。Pro は英語で For（〜のために）を意味する前置詞、Bono は Good（よいこと、善なること）、Publico は Public（公共的な）をそれぞれ意味する。直訳すれば、社会貢献活動全般を意味するようにも見えるが、実際には、より限定的な意味をもっている。

プロボノを辞書的に定義すると、「社会的・公共的な目的のために、自らの職業を通じて培ったスキルや知識を提供するボランティア活動」ということができるだろう。その要点を細かく噛み砕いていくと、次の三つのポイントが挙げられる。

一つは「社会的・公共的な目的」ということ。プロボノによる支援の対象は、ＮＰＯはもちろんのこと、広くとらえれば、国や自治体などの行政機関、学校、保育園、病院、福祉施設などの公共的な性質を持つ機関を対象とすることもできる。また、プロボノの対象として、地域活性化や産業

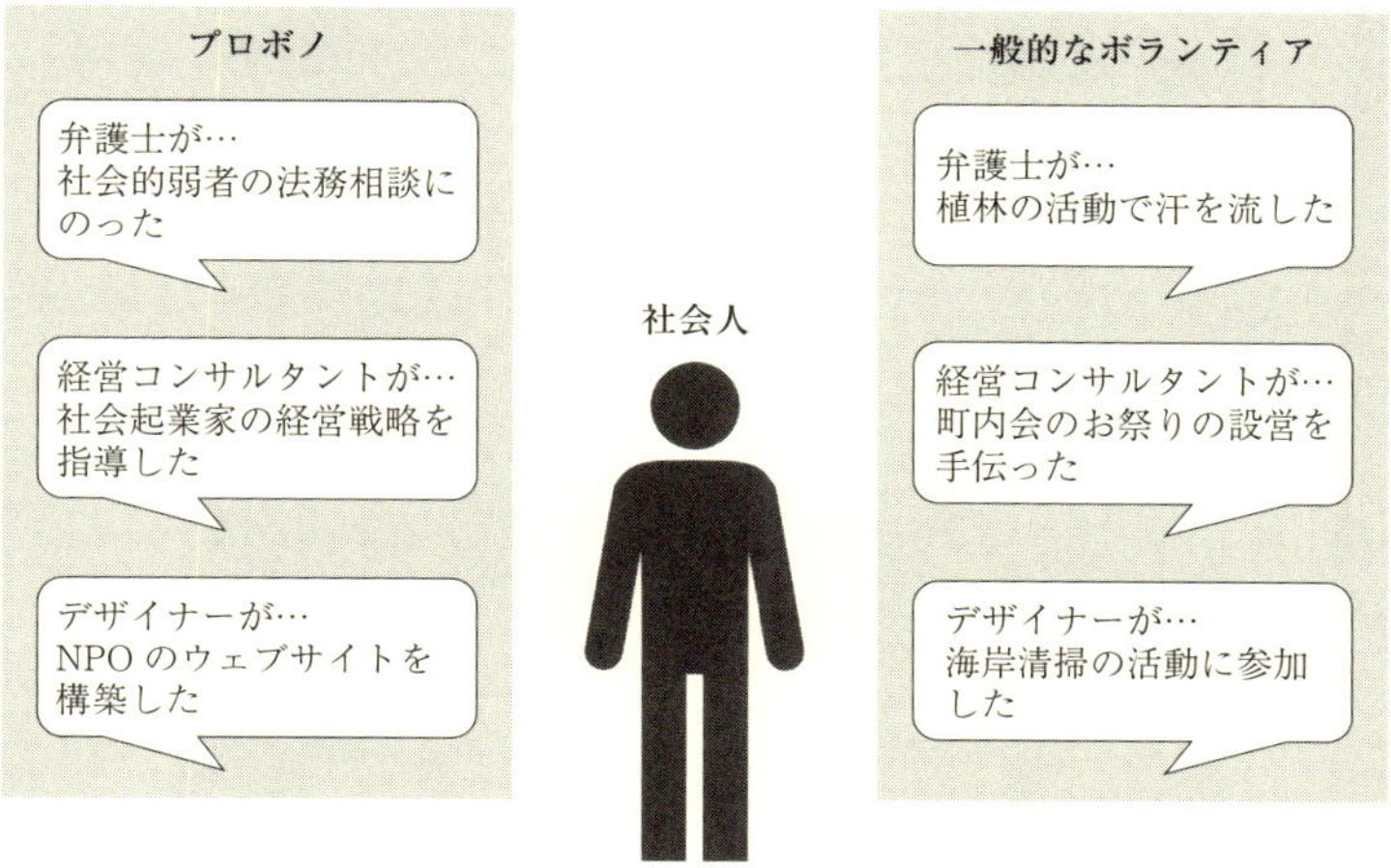
プロボノ
弁護士が…
社会的弱者の法務相談にのった
経営コンサルタントが…
社会起業家の経営戦略を指導した
デザイナーが…
NPO のウェブサイトを構築した
社会人
一般的なボランティア
弁護士が…
植林の活動で汗を流した
経営コンサルタントが…
町内会のお祭りの設営を手伝った
デザイナーが…
海岸清掃の活動に参加した

図 1-1　一般的なボランティアとプロボノの違い

創造などの観点から、地場産業の再生に取り組む中小企業や社会起業家と言われる社会課題の解決をうたう企業などを支援の対象とすることもあり得る。いずれにせよ、社会の課題解決に寄与する主体であることが必要不可欠な条件である。

二点目は「職業を通じて培ったスキルや知識」という点だ。これは、プロボノを通じて提供する支援の内容に関する部分だ。どこまでがプロボノで、どこからがプロボノでないかを見分ける一つの重要なポイントは、提供される支援の内容が、その人がもし企業等を対象に役務を提供すれば当然にプロフェッショナルとしての対価や報酬を得られる仕事であるかどうか、という観点だ。弁護士の資格を持つ人が、企業に対して契約書作成業務を行えば当然に報酬を得ることができるが、その弁護士がＮＰＯに対して契約書作成の支援を無償で行えばそれはプロボノと言える。一方で、同

表1-1　目的等による比較

	ボランティア	プロボノ	ビジネス
目的	公共的・社会的な課題解決を目的とし，営利を目的としない．		営利を目的とする．
手段	職業上のスキルに限らず幅広い参加方法がある．	専門的な知識や技術，スキルを活用する．	
対価	基本的に，無償であることが前提であり，どこからも利益を得る見込みがなくても取り組む．有償ボランティアと言われるように，実費相当額は，支援対象となる側が負担したり，第三者によって補てんされたりする場合もある．		何らかの方法で利益を上げる見込みがある．

じ弁護士が、週末に地域の森林保全活動にボランティアとして参加し、植林や森の手入れの活動に汗を流したとすれば、それはプロボノではなく、一般的なボランティアである、ということになる。

三点目は、そうは言っても、プロボノはボランティア活動の一種であることに違いはない。ボランティアとは、「自発性」と「無償性」によって支えられる活動だ。プロボノを誰かによって強制されることはあり得ないし、原則として「無償」の行為であることが前提だ。

ただし、この中で「無償」という表現には、さまざまな注釈がつく。これはボランティア全般に共通することだが、その最たる例が「有償ボランティア」という表現だ。特に福祉活動の場面などではしばしば見られる用語だが、ボランティアという本来無償であるはずのものに「有償」という矛盾する表現が重なっている。有償ボランティアという言葉の真意は、非営利、という言葉に近い。通常のビジネスで算定される利益とはまったく異なる考え方のもので、とはいえ、一定の実費経費を精算することがなければその活動を担うボランティア当事者にとって参加を続けていくことが難しい活動に対して、ボランティア活動を持続可能なものにしようとするための方法である。そこには、利益を上げようという発想があるのではなく、活動を維持し継続させようという意図のみが存在している。有償ボランティアに対して支払われる費用は、一般的なアルバイトやパートタイムの労働賃金と同程度かそれよりも安価であることが多くあり、得られるお金だけに着目すればほかに魅力的な選択肢がたくさんあるに違いない。

弁護士などがプロボノ活動の一環として、経済的弱者等を支援する場合がある。この場合でも、形式的には弁護士はその支援対象の「クライアント」に対して請求書を発行しているという。ただ、その弁護士は、請求書に対する支払いがなされない可能性を予め想定もしている。支払い能力がある相手としかビジネスをしないのか、支払い能力に不安があっても困っている相手を見かけたら手を差し伸べるのか。そこには「自発性」によって突き動かされた本人の意志と「無償性」のリスクをも覚悟に入れた姿勢が存在する。実際、いくつかの日本の弁護士会でも「プロボノ活動」を奨励し、会に所属する弁護士にプロボノ活動を義務付けているところもある。

2　豊かなボランティアスタイル

プロボノは、ボランティアの一種である。と同時に、プロボノは、ボランティアの中の特殊な一形態であるとも言える。

そこで、プロボノについての理解を深めるために、ボランティアの類型を整理し、さまざまなボランティアの中で、プロボノがどのような位置づけにあるかを考えてみよう。

図1-2はボランティア活動全般を俯瞰したうえで、参加できる人数と、NPOの基盤強化（キャパシティビルディング）に寄与する度合いという二つの観点から、ボランティア活動を体系化したものである。

この図では、ボランティアを四つに分類している。それぞれ「労力・作業によるボランティア」「一般的スキルによるボランティア」「プロボノ」「理事」となる。二つの三角形が組み合わさったような図になっており、右に位置する逆三角形は、それぞれのボランティアごとに参加できる人数が示されている。上から順に、「労力・作業によるボランティア」が最も多くの人が参加でき、以下、順を追って参加できる人数が少なくなっていく。これに対して、左の三角形は、それぞれのボランティアがNPOの基盤強化に与えるインパクトの大きさを示したものである。

図1-2によると、「労力・作業によるボランティア」は、多くの人数を必要とするものであり、NPOにとっては、もちろん貴重なものであることに違いはない。しかし、そうしたボランティアがNPOの基盤構築に寄与するかというとそのインパクトは小さい。一人ひとりのボランティアは、ある程度定型化された作業を担う力となるが、一方で、NPOそのものの事業内容や運営方法を改善したり変革したりすることにはつながりにくい。もちろん、そこに参加したボランティアの中か

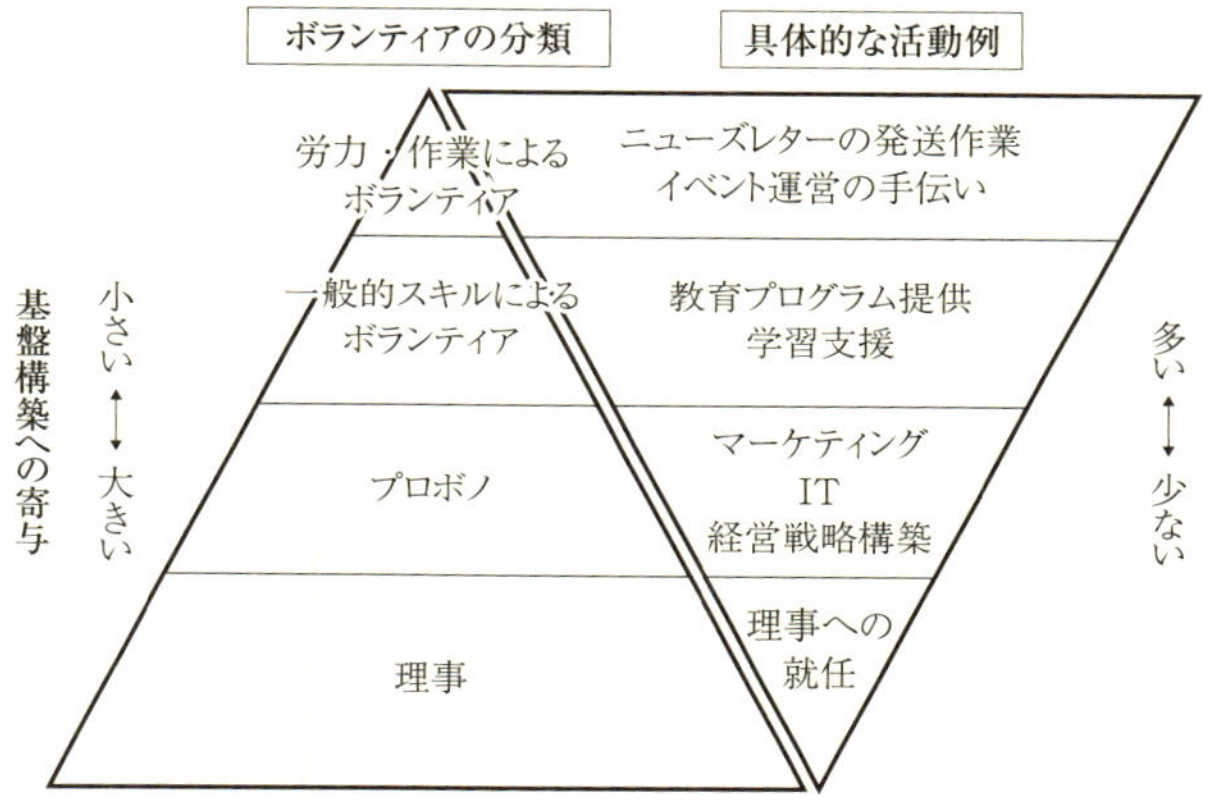

図 1-2　プロボノと他のボランティアの関係
出典：Taproot Foundation の資料を元に筆者作成.

ら新しい発想や発意が生まれ、その組織の改善につながることはあるが、その可能性は稀である。

次に「一般的スキルによるボランティア」は、学校教育などの現場に出向いて、企業の業務に関連する知識などを伝えるものである。最近は、学校などの教育現場を対象に、食品メーカーなどが食育の授業を行ったり、電力会社やガス会社などが環境教育の授業を行ったり、といった社会貢献活動を行う企業も増えてきた。その他、野外学習の指導員や、イベントの審査員なども、このカテゴリに分類できると考えられる。

その次に来るのが「プロボノ」である。プロボノは、一般的スキルによるボランティア以上に、NPOの組織内部に踏み込んで、事業戦略やマーケティング戦略などの組織の基盤構築により深くコミットするボランティアのスタイルということができる。

また、一般的スキルによるボランティアは、単発的な参加のケースも多いが、プロボノの場合、一定の成果を生み出すまで継続的なコミットメントが前提となる。

最後に、「理事」という項目がある。実際、ＮＰＯの理事の大半はボランティアによって成立している。企業の役員が多額の報酬を受け取るのとはまるで違う組織構造である。だが、ＮＰＯにとって理事はきわめて重要な役割を担っている。組織の意思決定の多くが理事の集合体である理事会によってなされるのはもちろんのこと、理事の顔ぶれそのものが、その組織の目指す方向性を体現することにつながる。それだけではない。理事は、本来「ヒト」「カネ」「労力」の少なくともいずれか一つ以上、ＮＰＯに対して並々ならぬ貢献をすることが前提となる立場である。直截的にいえば、理事は、人脈が豊富にあるか、資金調達が得意か、ＮＰＯのために人生を捧げるか。そのいずれか少なくとも一つが求められる立場である。米国のビジネスパーソンの中には、ある年齢に達した時点で、ビジネスから非営利へと人生を切り替え、余生の多くの時間を非営利活動に捧げるというライフプランを持つ人がいる。また、企業の役員クラスや著名人がＮＰＯの理事として活動に関わることは一般的に見られることである。理事は、組織を代表する責任を負う存在だけに、組織へのインパクトは大きいものとなる。プロボノは、組織の運営の中核に関わるが、立場上は、組織の外部協力者という位置づけである。これに対して、理事は組織内部の中心的メンバーという位置づけにあたり、ＮＰＯへのより深い関与といえよう。

ここで重要な点は、ボランティアというものが、かくも多様であるということをまずは理解することである。しばしば、ボランティアというと、例えば定期的に発行される会報誌を封筒に入れ発送する作業などの単純作業を連想しがちである。しかし、本来、ボランティアには実に幅広い種類があり、時と場合によって、一人ひとりの得意分野や志向に見合ったボランティアを選びとっていけることが重要だ。パソコンに向かって日夜働くビジネスパーソンが、仕事に疲れたときに農作業を手伝うボランティアに参加すると、とてもリフレッシュした気持ちになる、ということも確かにある。と同時に、単発的なボランティアではなく、より深くNPOを支援できる方法がないか、と思ったときに、プロボノとして自身のスキルを生かして関わるという方法もある。大切なのは、ボランティアを狭いイメージの中に閉じ込めてしまうことではなく、ボランティアにはさまざまなスタイルがありうる、という共通認識を持つことではないだろうか。

3　社会貢献活動のスペクトル

多様なボランティアの中で、プロボノはその一つのユニークなかたちといえる。だが、何もプロボノだけを特別扱いすることもない。プロボノは、他のさまざまな種類のボランティアと効果的に組み合わせることで、NPOを支えていく力になりうる。

表1-2は、米国の流通企業(1)を事例に、「社会貢献活動のスペクトル」、つまり、社会貢献活動が

表 1–2　ターゲット社の図書館支援活動事例に見る社会貢献活動のスペクトル

資金の提供	人手の提供		基盤やリーダーシップの提供	
資金支援	労力・作業によるボランティア	一般的スキルをつかったボランティア	プロボノ	理事
寄付	棚の組み立て ペンキの塗装	基礎学力指導 学習サポート	設計 内装デザイン 建築・施工	理事就任

出典：Taproot Foundation の資料を元に筆者作成.

さまざまなボランティアや寄付など複数の手法の組み合わせによって厚みを増すものであることを分かりやすく表したものである。この図によると、社会貢献活動は大きく分けて「資金の提供」「人手の提供」「基盤やリーダーシップの提供」という三つに大別され、それぞれの分類ごとに支援の方法が異なっている。

同社では、社会貢献活動の一環として地域の図書館整備を支援するプログラムを提供している。[2] 二〇〇七年から現在までですでに全米で二千ヵ所を超える図書館について、蔵書の補充や館内の内装の修復などを手掛け、子どもたちの学習環境改善を支援している。このプログラムにおいて、これら三種類の異なる支援方法を有機的に組み合わせた取り組みを行っている。

第一の資金については、図書館の整備に要する、図書購入をはじめとするさまざまな直接的経費をサポートしている。第二に人手。ここには同社の社員が有志として参加し、大工仕事をみんなで手伝って図書館の整備を手伝う。そして第三の基盤やリーダーシップの提供については、店舗開発担当部署に所属する、建築や内装デザインの専門スキルを持つスタッフが、プロボノとして建物の設計や内装のプランを提供している。

このように、社会貢献活動を行ううえで、複数のボランティアの手法を組み合わせることは、支援を受ける側にとって大きなメリットを提供するものとなる。図書館建設のすべての工程において多様なボランティアのサポートを受けることで、費用の発生を大幅におさえ、数々のノウハウや知恵を生かしながら、図書館にとって最も重要な図書の購入により多くの資金を活用できるようになる。プロボノを含む多様な社会貢献手法を効果的に組み合わせることで、最小のコストで最大の効果を生み出すことができる可能性があるのだ。

このように、プロボノは、それ単独で提供することも可能だが、他のボランティアと組み合わせることでより機能することもある。プロボノと他のボランティアや寄付などの社会貢献活動とは両立や組み合わせが可能なものであり、支援対象となるＮＰＯのニーズに応じて、柔軟に活用されていくことが肝心である。

4　米国で起きたイノベーション

プロボノへの関心が高まりを見せる背景について、日米の状況を概観してみよう。

まず米国。プロボノという言葉は、米国では以前から一般的に知られた言葉だった。ただし、現在とは違って、きわめて限定的な使われ方をしていた。ひと昔前までは、プロボノといえば弁護士による社会貢献活動を指すのが一般的な理解だったのである。

弁護士による社会貢献活動としてのプロボノから、幅広いビジネスパーソンが取り組むプロボノへ。そこにはプロボノという言葉に起きたイノベーションがあった。

二〇〇一年に米国で創設されたタップルートファウンデーション(3)（以下「タップルート」）は、プロボノの対象を、ITやマーケティング、デザインなど、幅広いビジネスパーソンに拡張し、プロボノの概念を再定義した。タップルートは、サンフランシスコおよびその周辺地域を拠点に活動するNPOに対して、ウェブサイトの構築やパンフレット、ロゴマークの制作などのプロジェクトを精力的に推進し、着実な成果物を生み出していった。これらの成果物がきっかけとなって、NPOに会員や寄付、寄贈品などが増えるといった現象が起きるようになり、タップルートが推進するプロボノの新しい考え方に対する信頼へとつながっていった。

その後、タップルートは、デロイト、GE、アメリカンエキスプレスなどの有力企業と連携し、企業が取り組むプロボノのあり方を議論する協議会を設けるなど、積極的な活動を展開した。これらの活動が契機となって、企業セクターのプロボノに対する関心は急速に高まっていった。

こうした中、二〇〇八年に起きた世界的な金融恐慌、いわゆる「リーマンショック」はプロボノの急拡大につながる契機を与えた。そこには大きく三つの側面がある。

第一に、企業は景気の急速な減退にともない、これまで行ってきた企業市民活動を通じた非営利セクターに対する資金的支援が困難な状況になった。多くの企業は、非営利セクターへの寄付金を減額せざるを得なくなった。しかしながら、経済環境が悪化すれば、雇用が冷え込んだり所得が低下することで、特に低所得層を中心に生活が困難になり、社会の課題は増大する。

こうした社会環境においては、非営利セクターへのニーズが高まるにもかかわらず、非営利セクターへの資金供給が減退するという厳しい状況が生まれた。ただ、企業としても、経済情勢が悪化したからと言って社会貢献活動をすべて休止させることはできない。そこで、資金に代わる効果的な社会貢献の方法として、プロボノへの注目が一気に高まったのだ。

第二の要因は米国の連邦政府の動きである。二〇〇八年秋、米連邦政府は、三年間で一〇億ドルに相当するプロボノを通じた社会貢献を全米の企業に呼びかける「一〇億ドルの変革（ア・ビリオンプラス・チェンジ）」というキャンペーン(4)をスタートさせた。これは、前述の第一の要因に呼応する形で、企業の社会貢献活動のあり方をリードする動きとなった。切迫した経営環境の中で、企業が資金ではなく人材を提供することで社会貢献を行うことを、国全体のキャンペーンとして展開したことの意義は大きい。

それでもなお、第三の要因として挙げざるを得ないことは、失業率の増加である。経済恐慌は、あらゆる領域の労働者に対して、雇用環境の悪化を意味した。都市の中心部で、スーツを着て颯爽と街を歩く人物が、実は失業者だったというエピソードなども珍しくない状況となった。知的労働者といわれる人たちも大量失職する状況の中で、彼らは日ごろのビジネススキルを維持し、働き口があればビジネスにいつでも戻れる状態を整えておきたいという動機から、プロボノに参加する人も少なくなかった。リーマンショックという望まない社会情勢から、労働力に〝余剰〟が生じた結果として、プロボノに多くの優秀な人材が流入した、という点は無視できない。

5　日本での関心の高まり

次に日本の状況を見てみよう。

日本でもプロボノという言葉が以前から普及していた業界がいくつか存在する。一つが弁護士業界、もう一つは経営コンサルティング会社をはじめとする外資系の企業である。例えば、第二東京弁護士会では、所属する三八〇〇人余の弁護士に対して、年間一〇時間のプロボノ活動を義務付けている。所属弁護士は、年間で取り組んだプロボノ活動の実績を会に報告する必要があるが、仮にその実績が年間一〇時間に満たない場合は、一時間につき五千円を支払わなければならない、というルールがある。また、外資系コンサルティング会社の中には、プロボノとして参加するコンサルタントを社内で募集・選考したうえで、プロボノ活動を業務の一環として位置づけ、有給でプロボノに取り組むことを認めている企業がある。(5) このように、一部の業界ではプロボノに関する取り組みが先行して進んでいたと言えるが、プロボノという言葉の一般的な認知度は、少なくとも二〇〇九年末までは、きわめて低いものだった。

そこへ昨今、プロボノという言葉に対する関心が集まってきた背景には、日本におけるＮＰＯの動きが関係している。

日本においてNPOが法人格として認められるようになったのは一九九八年の特定非営利活動促進法（NPO法）の成立による。この年以後、NPOが任意団体という特定の個人に依存する不安定な組織ではなく、法人としての立ち位置を確保できるようになった。

しかしながら、NPOに対する一般の人たちの認識は十分に追いついてはいなかった。多くの一般の人は、NPOを無償の自己犠牲によって成り立つ、ごく限られた一部の熱狂的な人が取り組む活動というステレオタイプを根強く持っていた。そして、NPOとボランティアとを混同し、NPOは収入を得てはいけない団体だ、と信じて疑わない人も多かった。

そうした一般の人たちのNPOに対する固定観念に風穴をあけたのが「社会起業家」というキーワードだった。この言葉は、一九八〇年に創設されたアショカ財団を旗振り役として、米国社会ではすでに浸透してきた言葉だが、日本においては、学生を対象とするインターンシップ事業などに取り組むNPO法人エティック[7]が二〇〇一年ごろから提唱するようになるなど、比較的新しい言葉である。それまで、NPOや社会貢献活動がビジネスとはまったく無縁の世界であり、そこで働く人は、極論すれば無償の自己犠牲によって成り立っていると思われていた中で、「社会起業家」という概念は、社会貢献や社会課題の解決に取り組みながらビジネスを成立させることができる可能性があることを示した。二〇〇五年頃になると何人かの若手社会起業家と言われる人たちが頭角を現すようになり、日頃ビジネスにかかわる一般の人たちの関心を呼ぶようになっていく。二〇〇八年頃には社会起業家をテーマとした書籍などが相次いで刊行されるようになり、書店で社会起業家の書籍を特集したコーナーができ、それらの書籍が平積みされるような現象も起きた。

こうした中でリーマンショックが起きたわけだが、日本におけるリーマンショックとプロボノとの関係は、米国のそれとは趣を異にする。というのも、日本では企業や政府の動きではなく、もっぱら一人ひとりの個人という単位で、プロボノへの関心が高まりを見せた。

プロボノに参加する個人の動機については第3章で詳しく述べることにするが、利益追求にひた走ったビジネスの先にある不幸な結末を目の当たりにした人の中には、ビジネスと社会貢献とを両立させた社会起業家のコンセプトに共感し、興味を抱く人が少なくなかったのではないだろうか。終身雇用と年功序列という日本型の雇用慣行が少しずつ薄れていく中で、給与の安定的な上昇も期待しづらくなっている。だとすれば、人の役に立つことを実感できる新事業を立ち上げるのも悪くはないのではないか……。

とはいえ、現実に立ち返れば、どんな時代においても、起業するということはたやすいことではない。ましてや社会起業家になるというのは、簡単なことではなさそうだ。雇用環境も不安定な中、無理していま勤めている会社を辞めるのではなく、自分の空いた時間と日ごろのビジネスの経験やスキルをつかって非営利活動に関わるプロボノは、自身の働き方や、これからのビジネスのあり方を考えるきっかけを提供してくれるかもしれない。社会起業家が開いた現代の社会人の「ソーシャル」に対する関心に応える一歩目の入口として、プロボノは、きわめて現実的な方法であり、実践可能な選択肢と映ったのではないだろうか。

ＮＰＯや社会起業家は、日本においてはまだ発展途上の段階だが、それでも数年ないし十年といった単位で見たこれらのセクターの進歩は目覚ましいものがある。そのことと比例して、社会的な課題の解決や、公共のあり方を巡る一般の人びとの関心も着実に高まっている。日本におけるプロボノに対する関心は、こうした背景なくして語ることはできないだろう。

6　システム化されたプロボノ

たとえば、心あるデザイナーには、人から頼まれて無償、または、ほぼ無償に近い形で、チラシをつくってあげた経験があるだろう。税理士の人は、知人に相談されてちょっとした会計のコツを伝授したこともあるだろう。個人のコンサルタントが、ＮＰＯのために一生懸命になって事業戦略を練ってあげるというケースもあるだろうし、写真家がＮＰＯのイベントに毎回のように足を運んで記録写真を撮り続けているということもある。プロフェッショナルとして活躍しているからといって、身近な人から頼まれて、お付き合いの範囲で自らのスキルを無償または安価に提供する、といったことは、決して珍しいことではない。

このように、個人が純粋な気持ちで社会貢献に参加する際、たまたまその人がプロフェッショナルとして活動するスキルを持ち合わせていた場合は、それをプロボノと意識するかどうかは別として、プロボノが実現していることになる。こうした「自然発生的なプロボノ」は、ずっと昔から存在していた。

しかし、自然発生的なプロボノには、時折困難が付きまとう。実例を紹介しよう。

あるNPOでは、ウェブサイトの運営にボランティアのウェブデザイナーが深くかかわっており、その団体のウェブサイトの立ち上げ以来、日々の更新を一手に引き受けていた。このデザイナーは、非常に優れたデザインやITに関するスキルをもっているだけでなく、コミュニケーション力も高く、ウェブサイトに掲載するコンテンツを自身で企画したり、他のメンバーが作成した文章などに対して適切なコメントをして、質の高いウェブサイトの構築に欠かせない存在だった。ウェブサイトは団体の基盤となる情報発信の要であるが、その重要なポジションをボランティアのウェブデザイナーが一人で引き受けていたことになる。ところがある日、本人の状況が急変した。大きな仕事が入り、NPOのウェブサイトの運営が以前のようなペースでできなくなったのである。さらに、本人の中でも長くウェブサイトの運営にかかわってきたことでマンネリ感があったのだろうか、以前のようなモチベーションを維持することができなくなった。結果的に、ウェブサイトの更新頻度は急速に落ち、他のメンバーが更新を依頼してもウェブデザイナーが手を動かせなくなったことで更新が実現しない状況に陥った。ウェブサイトが停滞し、デザイナーがフェイドアウトしかかっている状況は、他のメンバーの活動への意欲の低下につながり、他のボランティアの離脱にもつながってしまった。

ＮＰＯの多くが、内容や状況こそ違え、何らかの形でこれと似たような経験をしている。ボランティアは、自発性が働く限りにおいてきわめて有効に機能することがあるが、その自発性にあるとき急ブレーキがかかってしまうと、たちまちのうちにそれまで順調だったはずの作業が止まったり、最悪の場合、本人と音信不通になったりしてしまうことがある。ボランティアは、いわゆる雇用関係などと違って明確な拘束力がなく、本人の自由意思により参加するものであるため、不安定になる可能性をより多くはらんでいるのである。

こうしたことは、ＮＰＯにとってボランティアへの対応を慎重にさせる要因となる。たとえば著者も、何人もの知人から、ＮＰＯを応援したいと思ってホームページに書かれている電子メールにボランティア希望のメールを送ったにもかかわらず、何の返信もなかったという話を聞いたことがある。もちろんメールを受け取ったのだから返信をすべきという声ももっともだが、筆者にはＮＰＯ側の気持ちも分からないでもない。つまり、「ボランティア希望」という内容の電子メールが届いても、その人物が本当にどこまでやってくれるのか、責任を持って成果を生み出してくれる人物なのか、どこにも保証がないのだ。筆者も、「ボランティアとして頑張りたいので、ぜひお話を聞かせてください」という問い合わせを受けて、時間を割いて活動を説明したことが多々ある。しかし訪れた何人もの人が、その場では興味津々の反応を示しながら、その後まったく連絡もしてこないということを何度も経験している。これはＮＰＯにとって、決して珍しいことではない。ボランティアを希望する人に期待したい気持ちはもちろんあるが、期待通りにいかないことが多いのも事実だ。一人ひとりに丁寧に対応できる時間的な余裕が、残念ながらNPO側にはないのだ。

確かなことは、プロボノとして活動したいと思っている個人がいる。一方で、サポートを必要とするNPOが存在する、ということだ。しかし、自然発生的な出会いを待っているだけでは、両者がうまく結びつくとは限らない。そもそも、日頃企業社会で活躍するビジネスパーソンと、利益とは異なる価値軸で活動するNPOという、まったく異なる文化の中で生きる両者が、ただお互いに知り合い、一緒に議論するだけで物事がうまくいくと考えることの方が、奇跡に近いとすらいえるのかもしれない。

「自然発生的なプロボノ」につきまとうさまざまな困難を克服するためには、よく機能するマッチングシステムが必要である。2で示したように、プロボノは、一般的なボランティア以上に、NPOの組織内において重要な役割を担い、また、継続的な関わり方を想定している。ということは、比較的わかりやすい作業内容で、しかも、必ずしも継続的な参加を必要としない一般的なボランティア以上に、プロボノのマッチングを成功させることが難しくなるであろうことは、容易に想像できるだろう。

プロボノを考えるとき、ビジネスパーソンとNPOとをただ紹介して、出会わせる、というだけでは、後々まで「幸せな出会い」とはならないおそれが少なからず存在する。むしろ、ビジネスパーソンとNPOという、相異なる価値観をもった両者の期待値を調整し、それぞれの行動様式の違いに折り合いをつけながら、想定されるさまざまなリスクを回避し、成果を生み出すための、マッチングの方法論が必要なのである。

そして、こうした両者の間を取り持つマッチングの機能が整い始めたことが、プロボノが広まりを見せる要因の底流にある。

いま、以前から存在したような「自然発生的なプロボノ」に加え、ビジネスパーソンとＮＰＯというまったく異なる背景を持った両者を、効果的かつ確実にマッチングし、成果を生み出す可能性の高い「システム化されたプロボノ」が登場してきたことで、プロボノはにわかに、多くのビジネスパーソンにとって、入りやすく参加しやすいしくみになりつつある。そして、新しい社会貢献のスタイルを提案し、同時に、ビジネスパーソンの働き方にも新しいヒントを与えるような輝きを放ちはじめているのだ。プロボノは、ＮＰＯにとって、ビジネスパーソンにとって、どのように映っているのか。そして、プロボノが「効果的かつ確実に」機能する、その秘訣とは何か。このあとの章で、順を追って見ていくことにしよう。

注

（1）　全米でスーパーマーケットを展開するターゲット社の事例。ターゲット社は二〇〇九年現在、米国内に一七四〇店舗を展開し、年間の総売上は六三四億ドルに達する。

（2）　ターゲット社の社会貢献プログラムの一つで、「Target School Library Makeovers」という名称が付けられている。

（3）　タップルートファウンデーションについては第4章で詳述。また、同団体のウェブサイト参照のこと。http://www.taprootfoundation.org/

（4）　同キャンペーンについては、その主催団体である米国政府の外郭団体「全米コミュニティサービス公社」のウェブサイト参照。http://www.nationalservice.gov/

（5）　外資系コンサルティング会社のマッキンゼー、ボストンコンサルティング、ベインアンドカンパニーなどが、軒並みプロボノ活動に取り組んでいる。

（6）　アショカ財団は、今日では「社会起業家の父」と呼ばれるビル・ドレイトン氏が設立し、現在、世界六〇ヵ国の社会起業家を支援する巨大な財団である。同財団の「フェロー」には世界各地で活躍する二千人を超える社会起業家が名を連ねており、本書でも紹介するタップルートファウンデーションの創設者アーロン・ハースト氏も同財団のフェローである。http://www.ashoka.org/

（7）　エティックは、代表の宮城治男氏らが学生時代に起業したＮＰＯで、ＩＴベンチャーなどの起業家に学生インターンを仲介する事業などを皮切りに、社会起業家の創出支援事業など、若者の起業家精神を高める活動に一貫して取り組んでいる。http://www.etic.or.jp/

第2章　NPOの課題とニーズ

プロボノは、支援を受けるNPOと、スキルを通じて支援を提供するボランティア「プロボノワーカー」とによって成立する。そこでまず、本章ではNPOについて見ていこう。

ここでは、NPOの運営をめぐる現状の課題や、NPOが本来目指すべき成果とは何か、といったことからスタートし、NPOにおけるプロボノのニーズを洗い出していこう。どのようなNPOにおいても共通する最大の悩みといえば、とりもなおさず資金調達といえる。この資金調達という困難な課題を克服し、社会に対して成果を生み出していくためには、どのようなことを実行していかなければならないのだろうか。

1　「非営利」という思考様式

NPOの代表格といえるものは、NPO法人（特定非営利活動法人）であり、本書でもNPO法人を軸に議論を進めていく。しかし、議論をNPO法人だけに限定することは、プロボノの可能性とその広がりに過度な制限を設けることになってしまう。そこで、本書で「NPO」と表現するときに意図する対象としては、例えば次のような主体も含めておきたい。

○特定非営利活動法人
○市民活動を行う任意団体
○公立学校、公立病院、公立図書館

○児童養護施設、保育園・保育所、学童保育施設、児童相談所、保護施設等
○社団法人、財団法人
○教育機関、文化機関、医療機関、研究機関、学術研究プロジェクト
○社会課題の解決に事業という手法で取り組む社会起業家
○政府・自治体(1)

このように、本章では、NPO法人を軸としながらも、非営利という価値観にもとづいて活動する主体に幅広く通じる議論を展開したい。なお、本文中で議論の対象をNPO法人に絞る場合は特に「NPO法人」と明記する。

それでは、なぜNPOに対してプロボノによる支援が効果的なのか。そのことを理解するためには、NPOの前に立ちはだかっている困難について整理することから始めよう。

第一に、基本的な前提として、非営利組織と営利組織とは、まったく異なる行動原理の上に成立している。

営利組織は、「市場」の存在を出発点として、物事を考える。

ここでいう「市場」を大雑把に捉えれば、それは「人数×単価」という計算式ではじき出されるものだ。飲食店の市場であれば、ある地域で生活する人の数と、その地域で暮らす人の生活スタイ

ルや可処分所得、そして、近隣に存在する競合の有無などから市場が定義されていく。一定の人数がいて、可処分所得があり、競合が少なければ、市場参入の意思決定が下される。どんな場合でも、お金を払う人が一定規模存在することが、事業を行うかどうかの指標になる。

しかし、NPOの場合は、まったく違う思考パターンからスタートする。それは、一言でいえば「ニーズ」の存在である。ニーズという考え方においては、悩みを抱えている人の「人数」は考えられても、「単価」を掛け合わせるという発想はない。むしろ、経済的に厳しく可処分所得が少ない人こそ、本当のニーズを抱えている当事者である可能性もあり、だからこそNPOが立ち上がらなければならない状況があるのだ。例えば、ひとり親の家庭は、両親がいる家庭と比較すると圧倒的に所得が低いという現実がある。(2) だが、ひとり親家庭のほうが、親にかかる子どもの養育の負担は重くなる傾向にあることは言うまでもない。所得は低いがニーズは大きいこうした人たちをどうサポートするか。社会全体にとっての大きな課題だ。

NPOにとって、事業を実施するかどうかの判断の境界線は、お金を払う人がいるか、ということではなく、ニーズが存在するか、ということである。NPOが〝儲かる〟ということが約束されているとは限らないのは、こうしたゆえんである。

NPOの置かれた状況をまた別の言い方で表現しようとすれば「分母の大きい分数」ということができる。

車に乗ったり、学校に行ったりすることは、多くの人が経験する。食事をしたり、旅行をしたり、テレビを見たりすることは、多くの人にとって、ごくふつうのことだろう。こうした、いわゆる「ふつう」のことは、仮に一〇〇％ではないにしても、多くの人が、共通の話題にしたり、どのようなものかをイメージすることが容易である可能性が高い。これらは、分母も大きいが分子も大きい分数ということができるだろう。

これに対して、NPOが扱う話題は、そうでないことが多い。男性から執拗な暴力を受けたことがある女性は十人に一人、親の少なくとも一方が外国人である子どもは十五人に一人、小児がんにかかる子どもは一万人に一人。扱うテーマによってその数値は異なるが、これらに共通して言えることは、分母の大きさに対して分子が小さい、つまり、それだけ、その課題に不幸にも遭遇し、当事者となる人の割合が統計的に少ない、ということである。

このことは裏を返せば、残りの大多数の人は、その問題に触れた経験がなかったり、触れる可能性がきわめて低いということを意味する。人は往々にして自らの経験に引き寄せて物事を考える。だから、自分自身が身をもって経験する可能性が低い問題であれば、その問題に対して共感したり、理解したりすることは難しくなる。

このように、NPOは、活動そのものが多くの人に理解してもらいにくいテーマを取り扱っている。それほどハンディキャップを負った状況から活動をスタートさせているのだ。

2　ＮＰＯにとっての「成果」

企業を評価する指標には、言うまでもなく、お金という共通の尺度が用いられる。ところが、このお金という尺度を、ＮＰＯが企業と同じようなやり方で評価の指標として採用しようとすると、何が起きるだろうか。

例えば、あるＮＰＯが「当団体は、昨年度、一億円の寄付収入を獲得し、前年比三割アップを達成しました」などと高らかに宣言したとして、誰もそのＮＰＯを賞賛する人はいないのである。むしろ多くの人は冷ややかな目で「で、そのお金をどうしたのですか」と尋ねるだろう。

営利を目的とする企業が高い売上を上げたことが賞賛の対象になるのに対して、ＮＰＯが収入を上げることは手放しで喜ばれるものではない。この違いはどこから来るのだろうか。

結論を急ぐようだが、ＮＰＯにとっての評価の指標とは、一言でいえば「成果」である。そしてＮＰＯの「成果」とは何かという問いに対して、ドラッカーは次のような明快な回答を打ち立てている。

非営利組織とは、人を変えるためのチェンジ・エージェントである。その成果は、人の変化、すなわち行動、環境、ビジョン、健康、希望、そして何よりも能力と可能性の変化となって現

れる。(3)

このように、ドラッカーは、NPOの成果を「人の変化」と解説している。状況の改善を願うニーズを持つ個人に対して、その人が現在の状況を乗り越えられるような変化を提供することこそが、NPOの役目ということだ。

NPOの評価指標が、主に人の変化という意味での「成果」であるとして、ここで問題となることは、その成果を測る尺度が一元的でないことにある。ドメスティックバイオレンスの被害を受けた女性をサポートする団体にとっての成果とは、被害者を一時的には保護することであり、住居の移転や新たな就職などをサポートして、その人の自立をさせることかもしれない。病気の子どものケアをする団体にとっては、子どもたちの病院での生活を充実させるとともに親の看護の負担を軽減することが成果だろう。社会起業家を目指す若者を支援する団体にとっては、その若者が起業家として立ち上がり、事業を成功させていくことが成果と言えるだろうし、退職したシニアの社会参加を促進するNPOなら、地域コミュニティの中で自らのライフワークを見出す人を増やすことが目指すべき成果となる。このように、NPOの成果は、それぞれのテーマによって多様であり、お金のような単一のわかりやすい尺度で表現することが難しいことが多い。

それでも、NPOは、自らが目指す「成果」を、ニーズのある人がいる限りサポートしていくという気持ちで活動を続けていかなければならない。と同時に、こうした、金銭と比べて相対的に分かりにくいと思われる成果を外部に発信し、共感の輪を広げていくことを通じて、より多くの成果を生み出せるようにしていかなければならない。それぞれの活動分野に応じた個別の「成果」を評価の指標とする組織であるがゆえに、ＮＰＯは、自ずと、対外的にその成果に対する理解を得にくい立場に置かれているのである。

3　資金調達という大問題

ＮＰＯの運営者としての筆者に対して、最も多く尋ねられる質問ナンバーワンは、何を隠そう「どうやって食べているんですか?」という質問だ。

聞きようによっては何とも不躾きわまりない質問といえる。だが、そんな非礼を押してまで多くの人は、ＮＰＯがどのように事業を運営しているのか、そして、そのためのお金をどのように捻出しているのか、知りたくて仕方がないようだ。

残念ながら、筆者もその明快な答えを持ち合わせていない。なぜなら、筆者自身も、ＮＰＯの仕事一本で生計を立てられるほどではなく、実際には、講演や執筆、大学の非常勤講師なども含め、さまざまな収入源を「つぎはぎ」しているからだ。

日本のＮＰＯ法人の経済基盤は、概して脆弱だ。内閣府の調査(4)によると、日本で活動するＮＰＯ法人の約五割が年間の財政規模が五〇〇万円未満であるという。財政規模が年間一千万円を超える団体は三九・二パーセント、年間三千万円を超す団体は一八・四％と報告されている。これでは、多くの組織において、専従職員を雇うこともままならない。仮に職員が数人規模で雇える状態になれば、その時点で、日本のＮＰＯ法人の中では〝大きな組織〟と呼ばれるという状況だ。

日本と対照的なのは、米国のＮＰＯ法人をめぐる状況であろう。

例えば、寄付金の統計一つとっても、日本とは桁違いに規模が大きい。米国には、寄付金という巨大な〝市場〟が力強く存在している。もちろん、そこには厳しい競争もあるだろうが、チャンスもたくさんある。寄付金を獲得することで、ＮＰＯが事業を発展することができる可能性が数多く広がっている。

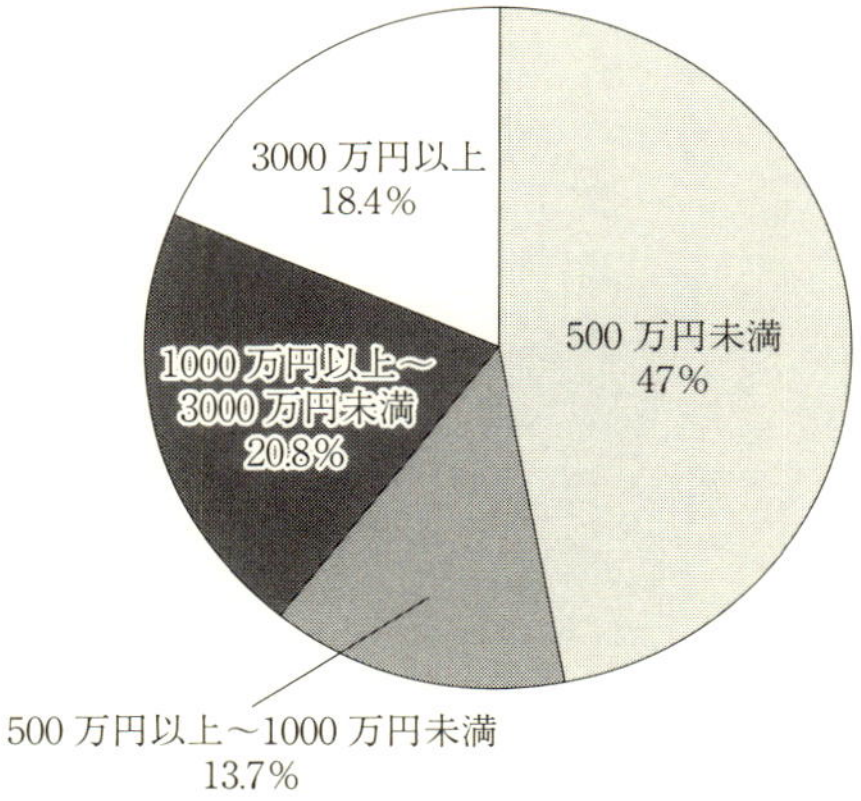

図 2-1　日本国内の NPO 法人の財政規模
出典：内閣府「市民活動団体基本調査」（2008 年 3 月発表）

米国における二〇〇九年の一年間の寄付金は総額で三〇三七億ドルに上ると言われている。そのうち、企業による寄付金は一四一億ドルと全体のわずか四パーセントに過ぎず、その反面、個人による寄付が全体の七五パーセントを占め、二二七四億ドルに達している。これを米国の世帯数一億一三一〇万世帯[5]で単純に割ると、一世帯につき年間で約二〇一〇ド

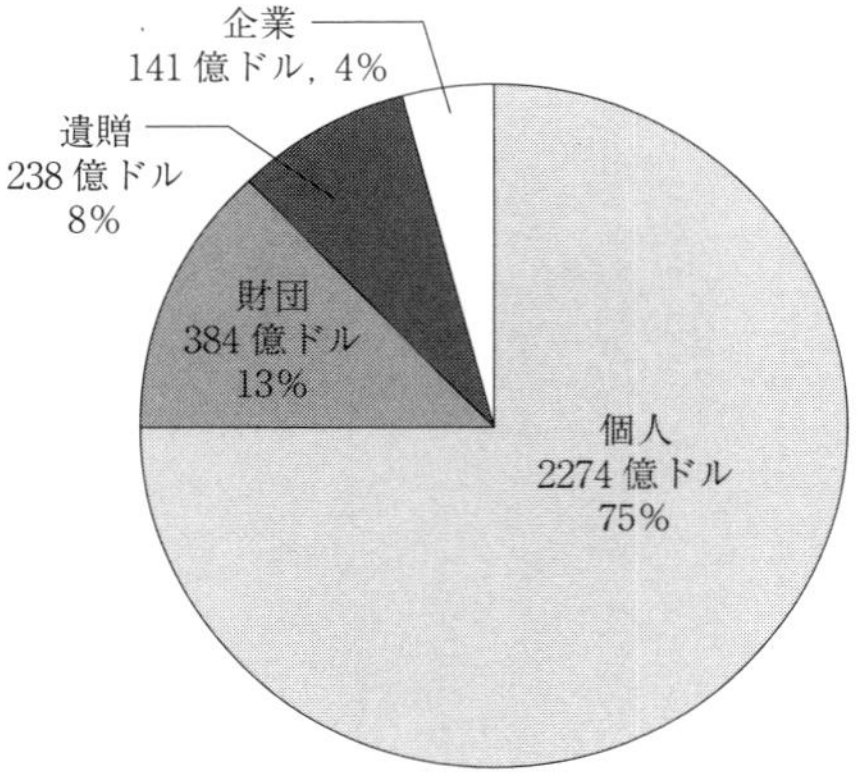

図2-2　米国の寄付金の現状と寄付者の内訳

出典：The Center of Philanthropy at Indiana University, "Giving USA 2010; The Annual Report on Philanthropy for the Year 2009" を元に筆者作成.

ルの寄付金を拠出しているという驚くべき数字になる。

米国では、一人で何百億円もの寄付をする個人もいるので、単純に平均値を出しても米国の一般市民の実態を表したものとは言い難い。また、寄付金総額のうちおよそ三分の一は宗教セクターに対する寄付金であることも考慮に入れる必要があり、日本の統計との単純比較はできない。それでも、総務省統計局の「家計調査」によると、二〇〇九年における日本国民一世帯あたりの寄付金額は年間でわずかに二六五二円という結果が出ており、そこには実に大きな開きがある。また、日本ファンドレイジング協会が発行した『寄付白書』によれば、日本における個人と法人を合わせた寄付総額、つまり、日本の〝寄付市場〟は一兆三九五億円という推計値が出ている(6)。この金額は米国のおよそ三〇分の一程度であり、米国と日本とでは、NPOを取り巻く〝市場環境〟が大きく異なっているといえよう。

こうした状況に対する当然の反応として、日本におけるNPO法人の事業モデルは、いわゆる

「事業型」と言われるところに落ち着こうとしているようにも見える。事業型についてはいろいろな分類が可能だが、ここでは三つのタイプに分ける。第一に行政からの委託事業、第二に行政制度上の事業、第三に自主事業である。

第一のパターンは、国あるいは自治体から、業務を受託するものである。社会課題に関する調査・研究事業、公共施設等の管理・運営事業、公共サービスの企画・実施事業など、さまざまな委託事業が考えられる。委託とは、本来行政が実施することを部分的に行政の代理人として実施することを意味している。したがって、事業の実施を決めるのも、委託先を決めるのも、事業実施中の重要な意思決定を行うのも、また事業の中止を決めるのもすべて行政であり、受託者であるＮＰＯ側の自由度は必ずしも高くない。

第二のパターンは、特に介護サービス事業などが該当するが、行政が定めたサービスの枠組みの中で行われる事業である。ここには、民間事業者も参入することができるが、ＮＰＯは独自の強みである地域のネットワークや機動力、きめ細かいサービスなどを活かして事業を行っていくことができる。介護保険の場合、介護サービスを提供した対象者からは費用の一割を、残りの九割は介護保険制度から支払われる。

第三の自主事業は、この中でも大きく分けると、対個人のものと、対法人のものとに分けられるだろう。対個人の場合は、カウンセリングのサービスや、子育てのサービス、教育プログラムなど、個人が必要とするニーズに対応するサービスを提供し、その個人から対価を得るモデルである。対

表 2-1　NPO の収入源

収入の分類		特徴	金額の規模	期間・回数等
会費		NPO の活動に対する賛意を表す，対価性のないお金.	年間 1,000 ～ 10,000 円程度	継続的
寄付金		NPO の活動に対する賛意を表す，対価性のないお金. ただし，寄付者の意向によっては，使途を指定される場合もある.	1円単位の少額のものから数百万・数千万円単位のものもありうる	単発的
助成金・補助金		特定の事業・活動の実施・展開のために行政や民間財団から提供される資金. 使途以外の使用はできない.	数十万円～数千万円 ※ただし，事業総額の一部は自主財源で賄う必要がある場合がある.	単年度～3年程度の期間限定
事業収入	行政からの委託事業	行政施策の実行を支援するため，専門性の高い業務を提供する対価として得られる収入.	数十万円～数千万円	基本的に契約は単年度. 継続となる可能性も高いが，政策の変更によって打ち切りや契約内容が変更となる可能性もある.
	行政制度上の事業	介護保険制度など，行政制度上で事業を営むことによって得られる収入.	1人1回につき数百円～数万円	継続的 ただし，行政制度の変更により事業環境が変化する可能性がある.
	自主事業	対価性のある商品やサービスを提供することによって顧客から得られる収入.	商品・サービスの内容によって多様	十分な数の顧客を獲得できれば，継続的な収入となる可能性が高い.

法人の場合は、従業員や顧客に向けたセミナー等の開催、企業による社会貢献事業の支援といった内容が考えられる。自主事業というフィールドは、その事業を実施する主体がNPOであるか企業であるかを問わず、品質の高さ、独自の卓越した能力などが問われる、まさに自由競争の場である。当然、競合となるのは、NPOだけでなく、企業とも張り合っていかなければならない。それだけ厳しい市場といえよう。また、自主事業に注力するあまり、NPOが本来手を差し伸べるべき、支払い能力のない支援対象を見過ごしてしまうようなことがあっては本末転倒だろう。だが、一度顧客の信頼を獲得し、事業が軌道に乗るようになれば、NPOに安定した収入源をもたらす基盤を形成する可能性もある点は、自主事業の魅力である。

4　多様なステークホルダー

一方で、日本国内のNPOの中にも、数はそれほど多くはないものの、寄付や会費など、商品・サービスを提供した対価を得て事業を成立させる「事業型」とは異なるモデルで運営を成立させている団体が存在する。一般の人が年間数千円から一万円程度の金額を寄付や会費として支払うことによって成立させるNPOの運営スタイルもまた、日本で決して不可能というわけではないことを忘れてはいけない。

図2－3は財団法人日本自然保護協会の収支決算書から同団体の収入の内訳を分類したものだ。

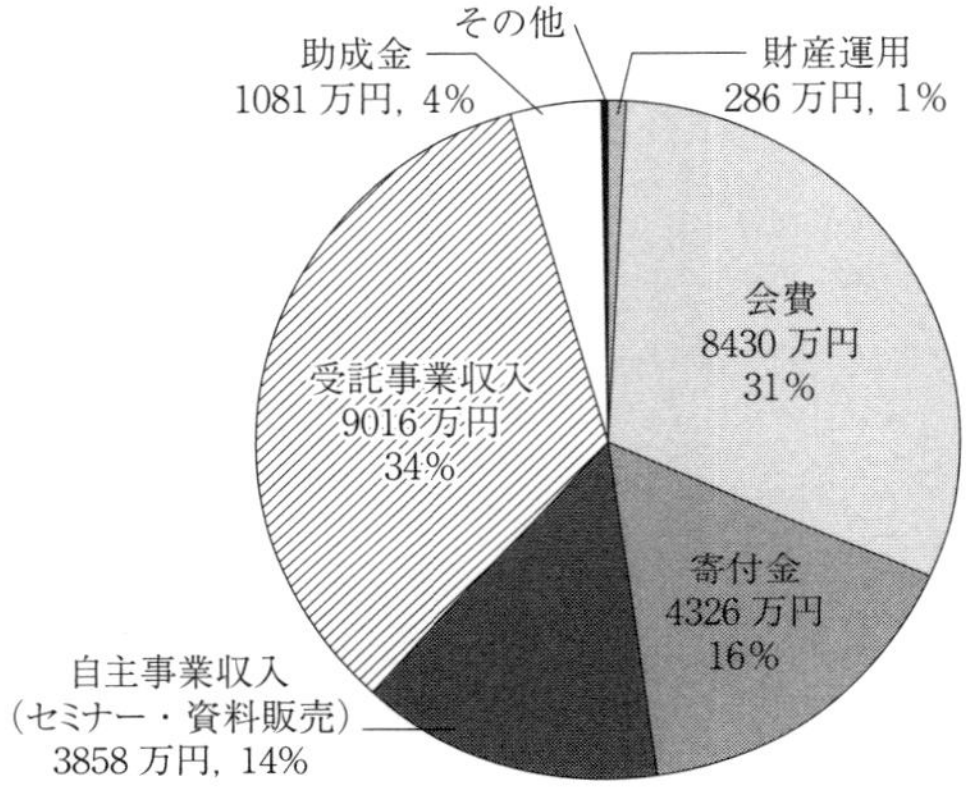

図 2-3　日本自然保護協会の収入内訳（2009 年度）

出典：日本自然保護協会の決算資料を元に筆者作成.

この団体が多様な収入源からバランスよく収入を確保していることを見てとることができる。

なかでも、最大の特徴といえるのは会費収入である。同協会の会費は個人会員が一口五千円、学生などに適用されるユース会員が一口三千円、家族で入るファミリー会員は八千円である。このような小口の会員が数多く集まった結果として、八千万円を超す収入基盤を築いていることは注目に値する。そして、多数の会員に支えられることにより、日本自然保護協会は長年にわたって国内各地の開発案件に対して、つまり、そこでは時として国や大企業を相手に反対意見を提起すべき状況が往々にして生じるような場面においても、自由な立場から発言力を持つ組織を維持することができたのである。

もしもＮＰＯを標榜するある団体が、ある企業と直接的なつながりを持ち、スタッフや参加者もその企業の人たちだけで占められているとしたら、本当の意味でＮＰＯと言えるだろうか。ＮＰＯは、一部の限られた企業や個人の傘下に置かれるような状況をつくるべきではないのだ。

ＮＰＯは、その運営を健全に行っていくためにも、収入源を多角的に分散させることが求められる。むしろ、分散しバランスのとれた収入源のポートフォリオを築くことがNPOの安定をもたらすものであり、また活動の自由を保障するものとなる。

これは何を意味するのだろう。それは、とりも直さず、一つのＮＰＯは、複数の、多様なステークホルダーとの関わりをもつべきである、という結論に達する。と同時に、ＮＰＯは、多様なステークホルダーとの間で、複雑なコミュニケーションを行っていかなければならないことを意味する。多様なステークホルダーとは、個人、行政、企業など、多岐にわたる。そして一口に「個人」といっても、現在支援を提供している対象の個人、今後支援をしていかなければならない個人、あるいは、活動に共感し寄付等の支援を提供してくれる個人など、さまざまな立場に分かれる。

ＮＰＯをとりまくステークホルダーの多様性について、イメージを深めるために、いくつかの例を挙げてみよう。例えば、学校の子どもたちを対象に、芸術や農業などの分野で、ユニークな教育プログラムを提供しているＮＰＯがあるとしよう。芸術や農業などの教育のプログラムを提供する直接的な対象は、ほかならぬ子どもたちだ。だが、子どもたちにそのプログラムを提供するためには、学校の先生の理解を得ることが必要だ。学校の先生の中には、こうしたプログラムに対して興味を示す人もいれば、新しいことにきわめて慎重な姿勢をとる先生や、さらには、外部の団体が学校に入ることを極力避けたいと思う人もいるかもしれない。仮に、前向きな先生がいても、周囲の先生たちを説得できなければ、活動は実現しないわけで、学校内の意思決定の構造も理解しておく必要がある。さらに、地域の教育委員会や保護者から前向きな反応が得られれば、活動に追い風を吹かせることになろうが、従来の教育カリキュラムにない新しいものに対して、理解を得ることは、必ずしも容易ではない。つまり、このＮＰＯは、子どもたち、学校の先生、そして、学校の先生を取り巻く教育委員会や保護者といった人たちという異なるステークホルダーを持っている。そして、それぞれのステークホルダーに、まったく同じ言葉で、同じ調子で語りかけていくことは得策ではない。だが、関係するすべてのステークホルダーから、一定程度の理解を得られなければ、活動が実現せず、成果を生み出せないという結果に終わってしまう。

仕事や結婚などをきっかけに日本で暮らすようになった外国の文化的背景を持つ人とその家族をサポートするＮＰＯの場合はどうか。第一のステークホルダーであり直接的な支援の対象となるのは、日本語などの学習サポートや放課後の居場所の提供を必要とする子どもたちや、日本国内の各種制度などの情報を必要とするその親である。だが、ステークホルダーはそれだけでない。こうした活動を行うためには、数多くの日本人ボランティアが必要だ。日本に暮らすエスニックマイノリティの生活を支えるＮＰＯの活動に共感して、ある人は日本語の学習サポートを、ある人はイベントの運営を、ある人は団体の広報を手伝ったりするだろう。さらに、社会貢献活動に積極的に取り組もうとする企業の支援を受けたり、外国人等と他の地域住民との共生を模索する行政機関との連携も重要だ。ここでも、ステークホルダーは、外国の文化的背景を持つ人びと、日本人ボランティア、企業、行政という、まったく異なる四つのステークホルダーが浮かび上がってくる。いずれも団体の活動を考える上で欠くことができない重要な存在だが、それぞれの置かれた状況や価値観は大きく異なっている。同じ活動を説明するにしても、それぞれの対象ごとに、言葉をたくみに使い分けていかなければいけない。

環境をテーマとした団体でも同様だ。街なかや河川、海岸や森林などを舞台に清掃や環境保全の活動に取り組むＮＰＯにとって、ボランティアとして活動に参加する一般市民は、まずもって重要なステークホルダーだ。多くの人が参加し、活動に取り組むことで、環境改善に大きな効果を発揮することができるだけでなく、そこに参加した市民が、環境をよくすることを実体験することで、日常生活においても環境に対する意識を高めてくれるだろう。さらに、近隣の地域にある、環境問題に関心を持つ団体と連携し、一緒に活動に取り組んでいくことで、より広い地域の環境改善に寄与することができるだろう。このように、環境活動に参加する人や団体の輪を広げていくことは、第一に必要なことである。しかしながら、環境活動を継続的かつ効果的に推進するためには、一定の経費が必要である。そして、経費を確保するためには、企業の協賛や財団の助成金、個人の寄付などを獲得していかなければならないだろう。ここでも、ボランティアとして活動に参加する人やグループと、資金等を中心に支援する企業・財団等に対するアピールとを両立させることが求められている。

このように、およそどのようなＮＰＯにおいても、多様なステークホルダーが複数存在する。そして、ＮＰＯは、自らの組織にどのような種類のステークホルダーが存在し、それぞれの重要度はどの程度であり、どのような関わり方をしていくことが適切かを、本来であれば明確に意識しておくべきである。さらに、理想としては、ステークホルダーごとに、社会問題に対する認識や理解の深さ、価値観が異なっているという前提に立ち、ステークホルダーごとにどのようなコミュニケーションをすべきかを整理しておけば完璧ということになる。

だが、往々にしてＮＰＯには、こうしたステークホルダーを調査・分析するノウハウや人材が乏しく、多様なステークホルダーにきめ細かく対応すべきと理屈では言えても実践するのが困難ということは、筆者自身も実感として十分に理解している。だが、資源の限られたＮＰＯだからこそ、多様なステークホルダーに対してきめ細かくコミュニケーションを行っていくことが、戦略上理に適っているということも、また事実である。

資金や人材などの経営資源をすでに豊富に持つ企業のやり方は、これとは異なる。むしろ、徹底的な体力勝負によって市場を席捲するという選択肢もあり得る。世の中には、一般の人がその商品の存在を知らない人はいない、というほどまでに認知が浸透した商品もある。このような商品は、テレビでもラジオでも新聞でも街頭でも、ありとあらゆる場所に広告を掲出し、誰もがどこでも何度でもその商品の名称やパッケージを目にするようになっている。これは、巨大な資金を投下して、その存在を広告することで初めて実現できる手法である。だが、こうした手法はＮＰＯには真似できない。

だからこそ、ＮＰＯは、体力ではない部分で勝負をした方が身のためなのだ。一見回り道のようだが実は、ステークホルダーの実状をきちんと把握して、それぞれのステークホルダーの認識や価値観に見合った伝え方をしていくことの方が、結果的には、少ない費用で高い効果が期待できる、ローリスク・ハイリターンな手法といえる。

5　ボランティアという資源の困難

それでは、企業になくて、ＮＰＯにあるものとは何だろう。それは、他ならぬボランティアだ。ボランティアは、ＮＰＯにとって天から与えられた恩恵のようなものであり、営利組織がどんなに頑張っても得ることができない貴重な力なのである。

一方で、いわゆる雇用や業務請負とは異なり、金銭が介在しないボランティアには、それ独特の困難が付きまとう。

ボランティアにまつわる困難の中には、いろいろなケースがある。ボランティアの人が、あるとき急に姿を消して連絡がつかなくなったり、そのことによって団体の活動の重要な部分が一時停止してしまうようなこともあるだろう。これもやりたい、あれもやりたい、とは言うものの具体的に形として成果に結びつかない人もいるかもしれない。団体の活動に深い興味を持っているように見える人が実際にボランティアをする段になるとまったく動いてくれない、ということもあるだろう。

筆者はボランティアを否定する立場ではない。ただ、ここでは敢えて次のように指摘しておきたい。ＮＰＯの実務運営上、ボランティアの最大の課題は「計算ができない」ということ、そして、ボランティアの力をしっかりと引き出すには、ボランティアにやってもらうこととそうでないこととの切り分けなど、十分に周到な準備が必要だ。特に、ボランティアとの間で、単発的ではない、継続的な関係を築こうとするならば、相互の共通理解は不可欠である。

ボランティアマネジメントは、通常の会社組織におけるマネジメントとは次の二点において、毛色が異なる。

第一に、ボランティアに強制力を働かせることは困難だ。通常の組織のように指揮命令系統が存在しないことはないが、ボランティアは、いつでも退出可能な立場にいるからだ。企業だって、いつでも辞めることはできる、という人もいるかもしれないが、その人の生活がかかっているかどうかは大違いである。だから、ただ上から指示・命令をするだけの人の動かし方では、ボランティアは長続きしないだろう。

第二に、小規模なＮＰＯにおいては、企業が当然持ち合わせる機能が十分に発達していないことも特徴だ。それは人事部の存在である。職員が一名から数人程度しかいないＮＰＯでも、ボランティアが数十人、多ければ百人を超えるという組織は存在する。たとえボランティアとはいえ、これだけ多くの人を相手にする組織でありながら、人事専門の部署を持ち合わせていないということは、企業だとしたら考えられないことだろう。人事部の主要な職務は採用と研修だが、一般的に、ＮＰＯにおいてはこのプロセスが十分でないことが多い。しかし、本来は、ボランティアにも採用と研修があってもおかしくはない。米国や英国のNPOでは、ボランティア活動の種類によっては、応募者の犯罪歴などを当局に照会することはごく一般的に行われている。たとえボランティアとはいえ、人事は一大事なのだ。また、NPOに関わるうえでの研修も重視されている。組織に入る段階で、共有すべき知識は共有し、組織の一員としての自覚を高めてもらう工夫をしている。こうしたプロセスをいかに効率よく効果的に行うかは、ボランティアマネジメントにおいて重要なポイントのはずだ。

このように、いつでも退出可能なゆるやかな参加形態であり、なおかつ、NPO側が個々人にきめ細かく対応できないでいると、ボランティアがなかなか定着しなかったり、期待通りの動き方をしてくれない可能性もある。ボランティアは、善意と自発性によって成立するものだが、その力をNPOがきちんと受け止められるかどうかは、NPO側の体制にかかっている。

「マネジメント」という言葉は、しばしば「管理」と訳されるが、ことボランティアに関しては特に、ただ「管理」するだけのマネジメントでは機能しない。実際、マネジメントという言葉には「なんとかうまくやっていく」「帳尻を合わせる」といった豊かなニュアンスが含まれている。特にボランティアマネジメントにおいては、あの手この手のさまざまな工夫をしながらボランティアの期待に応え、自発性を引き出し、能力を高め、成果を生み出せるような接し方をすることによって、ようやく求める動き方をボランティアがしてくれるようになる、ということを意味するのだと思う。これは、なかなかに高度なことである。

6　「番頭」が広げるチャンス

繰り返しとなるが、多くのＮＰＯが、事業基盤が脆弱であり、十分な資金や人材を持ち合わせていない。本来は、もっと多くの人材がＮＰＯの運営を支えるべき状況にあるにもかかわらず、ＮＰＯはそこに要求されている難しい仕事に応えられる運営体制を整備できていないことが多いのである。

ＮＰＯの中には、さまざまな人脈を生かして、専門的スキルを持つボランティアが多数参加し、洗練された運営を実現している団体もある。だが、そうした団体はひと握りであり、多くのＮＰＯは、自らが取り組むある特定の分野や領域については深く専門的な知見やノウハウを持っている一方で、事業計画の策定、事業展開の戦略立案、広報・コミュニケーション、人材育成・組織づくりなどにおいては、十分なノウハウがあるとは限らない。そこがまさにプロボノの機会なのである。

日本風のたとえ方をすれば、ＮＰＯの多くが、「親方」と「職人」によって成り立っており、「番頭」が不足している状態ともいえる。

「親方」とは、言うまでもなく組織のリーダーのことである。ときに強烈な個性や、カリスマ的な力を持ち、多くの人を引き付け、さまざまな人の善意を引き出している。こうした個性的なリーダーが、その非営利活動を持続可能なものにしようと本気で考えると、その人の最大の悩みであり課題となることは組織の基盤づくりである。万が一その人が欠けるときが来ようとも、またそのことによって一時的に組織に大きな打撃が与えられようとも、その活動が一定のレベル以上の機能や質を保ちながら継続できるような基盤をつくっておくことが、リーダーの役目であり、最大の課題であるはずだ。

また、NPOには、「職人」ともいうべき生真面目でコツコツと活動に取り組むスタッフやボランティアに恵まれている団体も多い。しかし、こうした職人気質が極まりすぎると、他人が真似できない〝職人芸〟の領域に入り込んでしまい、結果的に活動を広げることに対する阻害要因となりかねない。

そこで、「親方」と「職人」とをつなぐ、「番頭」のような機能がNPOには必要だ。それは組織の安定につながるから、ということも理由の一つだ。しかし、そもそもの前提として、NPOには、自らの活動を芸術的なレベルにまで完成度を高めていくこと以上に、救うべき人、変革をもたらすべき人により多くの成果を提供することが求められている。そこにはお金とは異なるが、冷徹なまでの「数」の論理が存在することを見過ごしてはならない。十人の人に百二十点の高品質のサービスを提供しながら、九十人の困っている人を放置してしまうのはNPOとして適切だろうか。むしろ、百人の人に対して、仮に八十点ぐらいでもいいから、成果をあまねく提供する、ということを、少なくとも検討の俎上に載せるべきだろう。十人を相手にするのと百人を相手にするのとでは、当然、事業のやり方は変わってくる。そのとき、組織の基盤の強さが試されることになり、それに伴って、新しいマネジメントやマーケティングをとり入れることが必要になるだろう。

社会的に貴重な活動をしているＮＰＯの運営において、事業に取り組むことと、事業を広げることとは、実は異なる能力を必要とするものだ。そして、特に後者に関して、企業に身を置くプロフェッショナルたちは、日ごろから十分なトレーニングを積んでいる。企業は、定義上、利益の最大化を目指す組織であり、顧客を増やし、収益の機会を増やしていくことを至上命題とする組織である。競争を勝ち抜くための抜け目ない戦略を繰り出す思考パターンが、ＮＰＯの事業機会を広めることにもきわめて有効に機能する。

そして、プロボノの〝機会〟も、まさにこの部分に存在するのである。ＮＰＯの事業を正当に評価し、彼らの価値観を尊重したうえで、ビジネスの視点で彼らの機会や可能性を切り開くことこそが、プロボノに求められる中核の部分といえる。

注

（1）　政府や自治体などは、ＮＰＯと分けて考えるのが一般的かもしれない。だが、第1章に記したプロボノの定義における「社会的・公共的な目的のために」というくだりからも、また、そもそも自治体や政府が営利か非営利のどちらの原理に拠って立つかという観点から見れば、明らかに非営利の原理にもとづいて運営される主体であるといえるだろう。
（2）　厚生労働省の「全国母子世帯等調査」（二〇〇六年度）によると、母子世帯の二〇〇五年の平均年間収入は二一三万円であるのに対して、全世帯の平均収入は五六三万円余であり、全世帯の平均収入を一〇〇とした場合の母子家庭の収入は三七・八に過ぎないという結果が出ている。
（3）ピーター・ドラッカー『非営利組織の経営』（上田惇訳、ダイヤモンド社、一九九一年）一二四頁。
（4）内閣府「市民活動団体基本調査」（二〇〇七年度）参照。
（5）二〇〇八年時点。米国人口統計局ウェブサイト参照。http://www.census.gov/
（6）日本ファンドレイジング協会『寄付白書 2010 Giving Japan 2010』参照。同協会は、日本における寄付文化創造のため、寄付に関する調査研究事業などに取り組んでいる。

第3章　プロボノワーカーたちの横顔

筆者は、プロボノとして参加する社会人を、敬意をこめて「プロボノワーカー」と呼んでいる。プロボノは、お金をもらって取り組むものではないが、社会的な課題解決やＮＰＯが活躍する基盤をつくるという、大切な仕事に取り組んでいる。そして、実際のプロボノワーカーの〝仕事ぶり〟を目の当たりにしていると、もちろん、平日夜の時間や週末の時間に集まる彼らの雰囲気は、平日昼間とは少し違ったリラックスしたものだろうが、それにしても、ふだんの仕事と同じくらい熱い気持ちを傾け、ふだんの仕事と負けず劣らず品質に対するこだわりをもって臨んでいる様子が垣間見られる。

では、プロボノワーカーを支える動機とは何か。本章では、昨今の社会人の仕事に対する意識や環境の変化とプロボノワーカーの動機分析などを通じて、プロボノワーカーの横顔に迫ることとしたい。

1　ボランティアとは縁遠かった人々

そもそも日本人にとって、ボランティアはどれぐらい身近なものだろうか。

図３－１に示す内閣府の調査によれば、「過去一年間に何らかのボランティア活動を行った人」の割合は二六・二％と、国民のおよそ四人に一人という結果が出ている。その上で、ボランティア活動に参加した人の年齢別の分布をまとめている。これによると、二〇代、三〇代は他世代と比べ

てボランティアへの参加率が低く、しかも、五年前の調査と比較すると参加率がさらに低くなっていることが見てとれる。ボランティアの担い手の中心は学生と中高年であるというのは、一般的にも言われていることだが、この数字からもそうした傾向が読みとれる。

一方、図3－2を見てほしい。図3－2は、筆者が運営するサービスグラントに登録するプロボノワーカーに対して、その社会人年数を尋ねた結果をまとめたものである。これによると、サービ

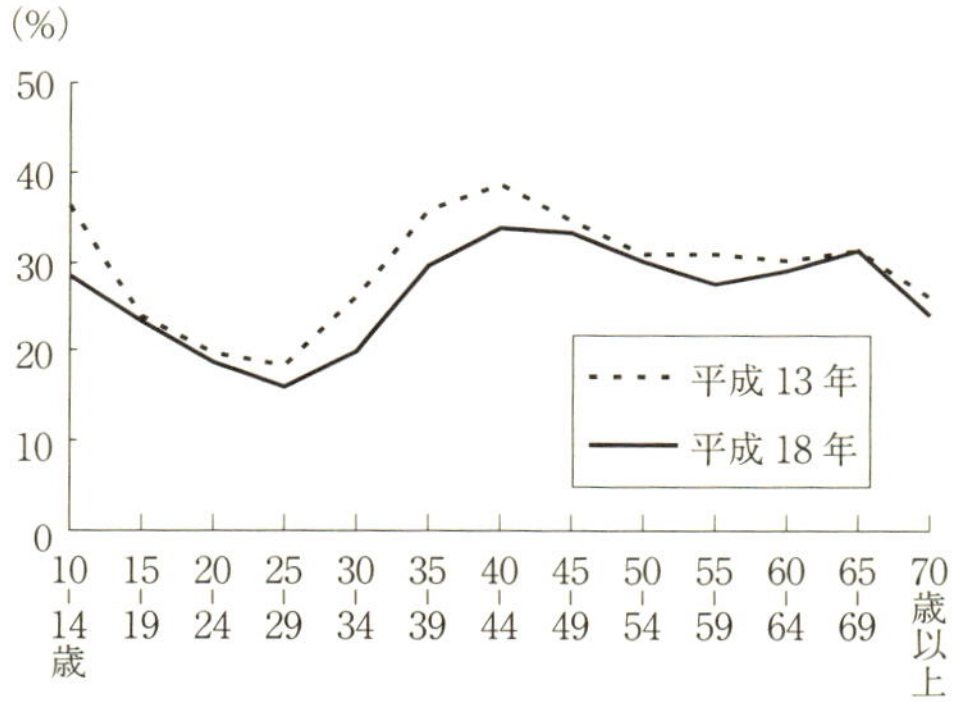

図 3-1　年齢階級別にみた「ボランティア活動」への参加率

出典：内閣府「社会生活基本調査」(平成 18 年).

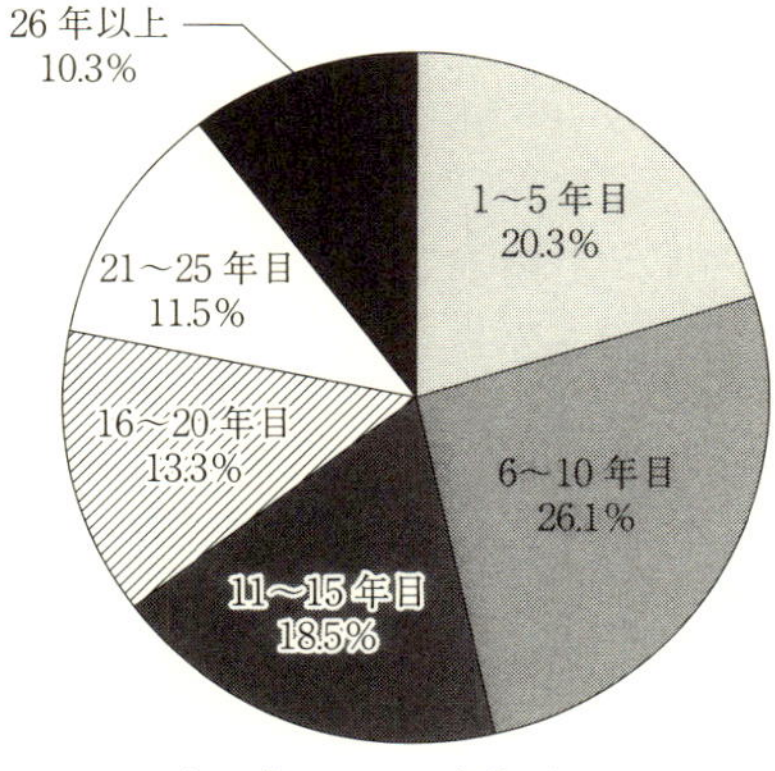

図 3-2　サービスグラントに参加するプロボノワーカーの社会人経験年数の分布

出典：サービスグラント資料 (N＝399).

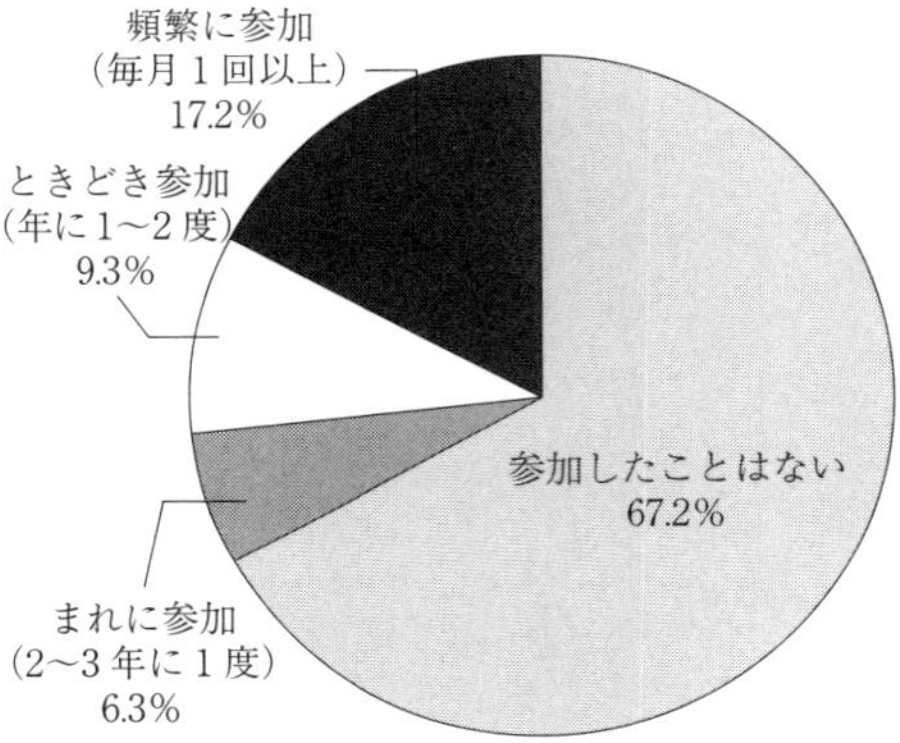

図 3-3　サービスグラントに参加するプロボノワーカーの過去のボランティア経験

出典：サービスグラント資料（N＝430）.

スグラントに参加する人たちのうち七八・二％が、社会人一年目から二十年目まで、年齢で言えば二〇代前半から四〇代前半という、前述の統計では最もボランティアから縁遠いと考えられている層に属していることが分かる。

　さらに興味深いのは、図３－３に示す「過去のボランティア参加経験」だ。

　サービスグラントに参加する人のうち、なんと、全体の三分の二を超える六七・二％がこれまでボランティア活動に「参加したことはない」と回答している。一方で、ボランティアに参加した経験を持つ人の割合は三二・八％となるが、この数字は、内閣府の調査におけるボランティアに参加している人の割合二六・二％とそれほど乖離する数字ではない。

　いわば、サービスグラントに参加するプロボノワーカーは、過去のボランティアへの参加経験という点で言えば、一般の人たちとそう大きく変わることがない。むしろ、これまでＮＰＯやボランティアに関心は持っていたのかもしれないが、いざ自身がボランティアとして参加するというところまで一歩踏み出せなかった人たちが圧倒的に多いのだ。

ボランティアに参加することが少ないと言われる二〇代から四〇代の働き盛りが大多数を占め、しかも、彼らの多くがボランティア未経験である、というプロボノワーカーたち。彼らにプロボノが受け入れられている理由はどこにあるのだろうか。

2 「ソーシャル」に向かうビジネスパーソン

「ソーシャル」という言葉が、これほど違和感なく会話に上るようになったのはいつからだろう。少なくとも、ソビエト連邦が崩壊する一九九一年までは、「ソーシャル」という言葉は、社会主義を連想させるキーワードであり、自由主義や資本主義という社会経済システムの中で生きる国民にとっては、どちらかというとあまり使わない言葉だったのではないだろうか。

ところが、最近は「ソーシャル」という言葉が輝きを放ち、多くの人が日常的に口にするようになってきた。そこには大きく二つの意味がある。

一つはストレートに「社会的な」という意味合いだ。

社会起業家などに注目が集まっていることについては第1章でも述べたとおりだが、私的利益ではなく社会的な課題の解決や社会にとっての利益に対する関心が集まってきているなかで、「ソーシャルなテーマ」「ソーシャルな活動」は、決して特定のイデオロギーに傾倒した人だけが追い求める特殊なことではなくなってきているのだ。

もう一つの「ソーシャル」という言葉の使い方は、「ソーシャルネットワーク」に代表されるような、人とのつながりを意味する使い方だ。英語の表現で、人と交流をすることを「ソーシャライズする」と言ったりすることがあるし、バーなどで人と会って話をするときだけ煙草を吸う人を「ソーシャルスモーカー」という言い回しなどもある。こうした表現から感じ取ることができる通り、人との関わりという意味が「ソーシャル」という言葉には含まれている。

人との関わりという意味合いの「ソーシャル」が注目されてきた兆候の一つの表れが「勉強会」や「読書会」の広がりだ。平日の朝のカフェや土日の昼下がりの会議スペースなどで、二〇代、三〇代の若い世代を中心に、一〇人から多ければ数十人程度の人が集まり、自身が読んだ本の紹介をしたり、社会起業家として活躍する人の話を聞いたり、ワークショップをしたりする動きがあちこちで起こっている。いわゆる「朝活」や「休活」と言われているような形で、若者が「活動」するようになってきた。

このような動きの背景にあるものは何だろうか。大きく三つの理由が考えられる。

(一)　仕事と職場に対する複雑な思い

図3－4は、労働者の世代別にみた働き方に対する意識調査結果だ。これによると、「会社のためなら自分の生活を多少犠牲にするのは当たり前だ」と回答する人の割合は、年齢が上の世代ほど

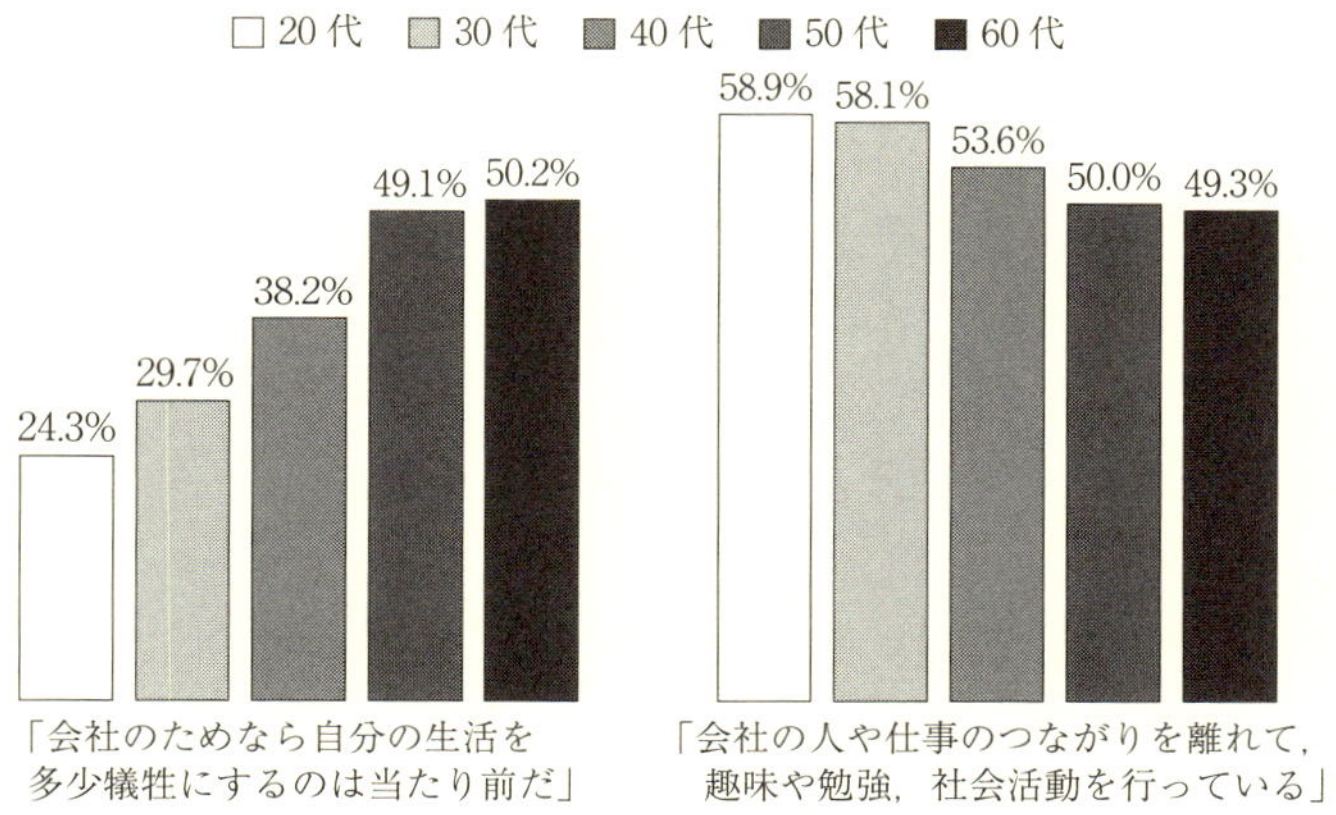

図 3-4　働き方に対する世代別の意識

出典：日本労働研究機構「企業の人事戦略と労働者の就業意識に関する調査」(2003 年) を元に筆者作成.

高くなり、逆に若い世代は仕事のために生活を犠牲にすることに疑問を感じる人の割合が高くなっている。一方で、「会社の人や仕事のつながりを離れて、趣味や勉強、社会活動を行っている」と答えた割合は若い人の方が高いという結果が出ている。この結果をみると、若い世代のほうが、年配の世代に対して、相対的に会社に対して距離を置き、自分の生活を充実させることに熱心であるという姿勢を見てとることができる。

参考までに、この調査では、回答者の雇用形態による区分も行っている。意外に思われるかもしれないが、正社員か非正社員かという違いは、回答結果に有意な相関関係を示していないことも付け加えておこう。

ところが、その傾向も変化しつつある。最近の新入社員の会社への帰属意識は毎年高まる傾向にあるという調査結果もあるのだ。転職を嫌い、終

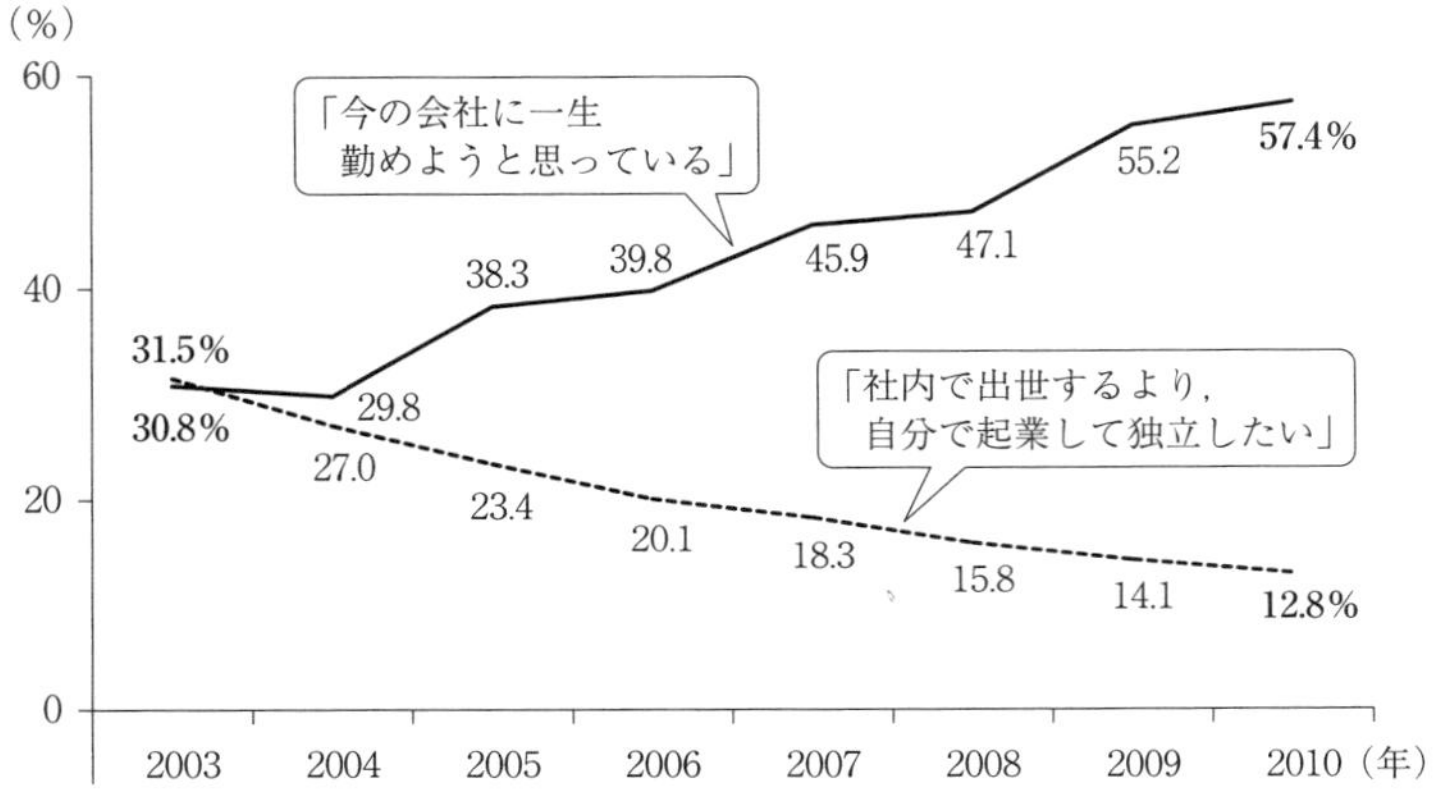

図 3-5　新入社員の意識調査

出典：公益財団法人日本生産性本部「2010 年度新入社員　意識調査」を元に筆者作成.

身雇用を望む声が現在の二〇代前半の世代では急速に高まっている。二〇一〇年の新入社員に対して行われた意識調査（図３－５）では「今の会社に一生勤めようと思っている」とする回答がなんと五七・四％に達した。二〇〇四年の二九・八％と比較すると、わずか数年で新入社員のメンタリティは大きく様変わりしてしまったといえよう。同様に、将来的に「自分で起業して独立したい」という回答は一二・八％にとどまり、二〇〇三年の三一・五％と比べると大きな開きがある。

どうやら最近の新社会人は会社への帰属をむしろ好み、独立心が低いという傾向にあることはしばしば言われるようになっており、若い世代といっても、ひと括りに考えるのは難しいようだ。

ところで、職場に対する帰属意識が高いことは、仕事への満足を意味するのだろうか。

興味深いのは、日本の職場における満足度が、他

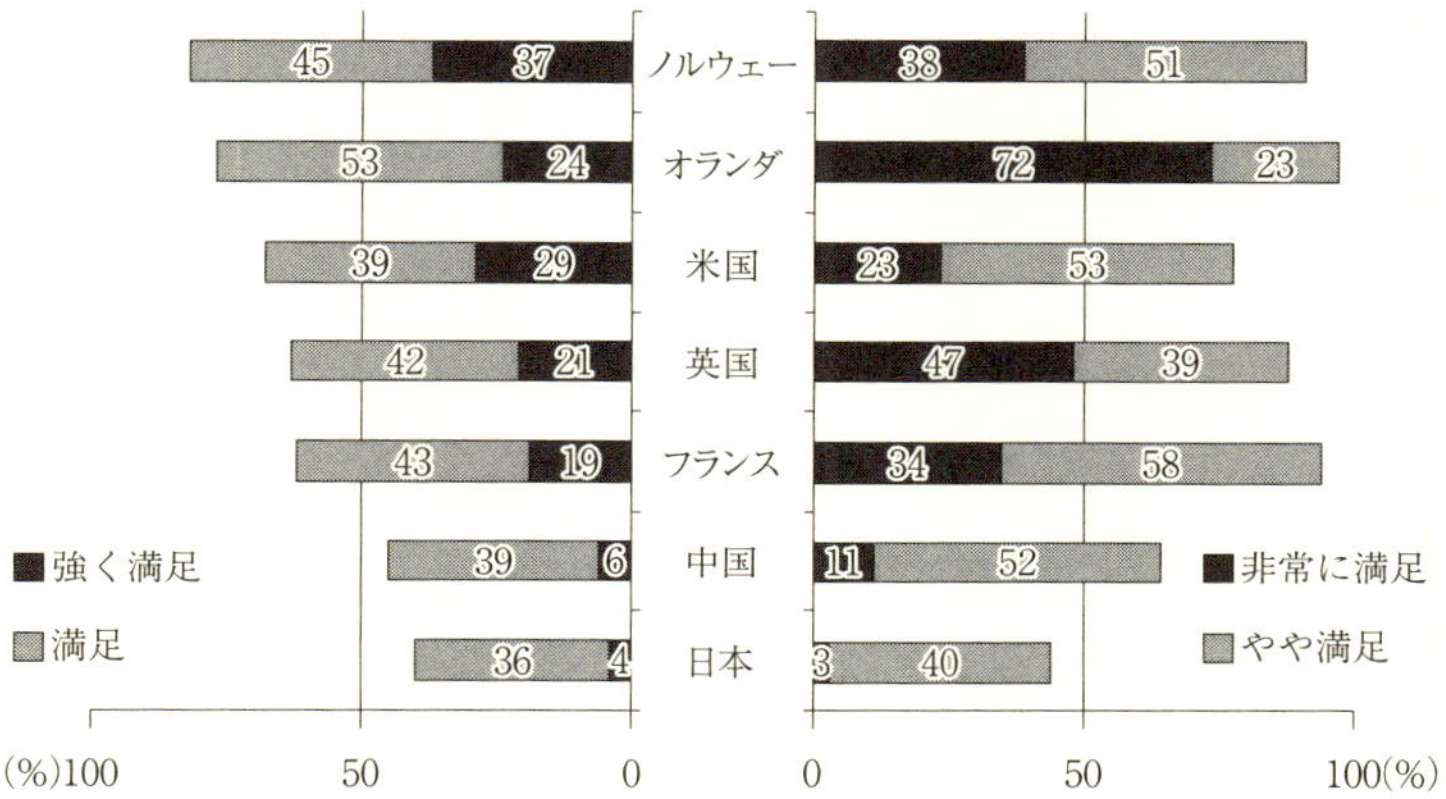

図 3-6　職場満足度に関する国際比較

出典：ランスタッド社，スミス社の調査を元に筆者作成．
左＝ランスタッド社「The Randstad Workmonitor」（2010 年 6 月）
右＝スミス社「仕事と職場の評価に関する世界意識調査」（2006 年 8 月）

国と比較して極端に低いという結果を複数の調査が伝えていることである（図3-6）。それらの調査によると、現在の職場に「強い満足」をしている人の割合は、日本の職場でわずか数パーセントにとどまっており、世界でも最も低い水準にあり、同じく職場満足度が低い傾向にある中国と比較しても五〜一〇ポイントさらに低い結果となっている。

　と同時に、「ご自身のキャリアアップをどの程度重視していますか？」という問いに対して五五％は「重視していない」と回答していることも注目しなければならない（図3-7）。ノルウェーは日本以上にキャリアアップへの意欲は低いが、前述の通り職場満足度はきわめて高いので、いまの職場での仕事を続けることに意識を集中しているのだろう。また、職場満足度の低かった中国では、キャリアアップへの意欲が

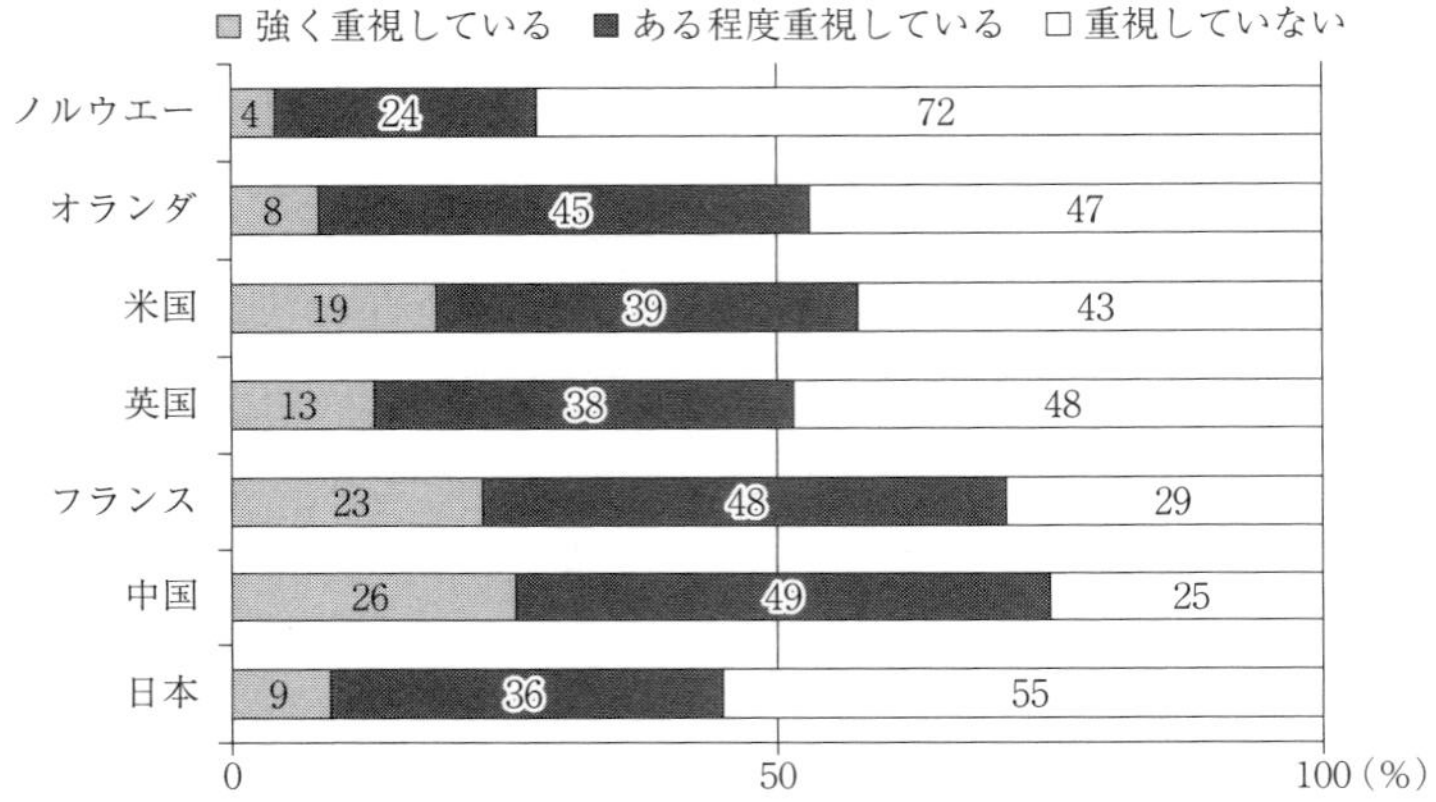

図3-7　労働者のキャリアアップへの意欲に関する国際比較

出典：ランスタッド社「The Randstad Workmonitor」（2010年6月）.
「ご自身のキャリアアップをどの程度重視していますか？」という設問に対する回答.

非常に高く、七五%がキャリアアップに前向きな回答をしている。こうしてみると、日本の労働者は、職場に対して不満を感じながらも、転職や独立などによるキャリアアップはあまり考えていないという人が相対的に多いということができそうだ。こうした働き手の姿勢に善悪の判断を下すことは本書の目的ではない。だが、一連の事実として、日本人が、いま働いている会社を辞めるということに対してそれなりに慎重な態度をとっているということは、事実として指摘することができそうだ。

ところで、会社への不満の理由を掘り下げていくと、さらに面白いことが分かる。

同じ国際比較の調査の一環で、次のような結果がある（図3-8）。それは、日本人は、他国と比べて「経営陣を常に信頼している」とする回答が圧倒的に低く、さらに、会社の戦略が「正しい方向性に向かっている」と思っている人も格段に少ない、というものである。

この調査結果は、会社を転職した人の調査結果（図3－9）と妙な形で符合する。それは、企業を転職した人の、前の職場に対する不満の第一位が「会社の将来性や方向性への不安」であり、転職者の四五％近くがそのように答えている。第二位には「仕事を通じて成長感を実感できなかったから」の二六％が続いており、賃金への不満は二割を切る結果となっている。

こうした調査結果からは、自分自身が得る報酬の高さよりも、むしろ、自身が身を置く職場そのものの方向性や経営方針に対する意識を高く持ち、そうした中で、自身が組織の中で生かされ、成長を実感できる職場を望んでいる働き手の願望が浮かび上がってくる。

「転職に対しては慎重な姿勢をとる」という現実主義的な側面と、「自身の利益よりも自身が身を置く組織全体や仕事そのものの意義、あるいは、自身の成長などに対する意識を高く持つ」という組織との協調性を求める側面とを持ち合わせる、というのが、筆者なりの日本人の労働観についての仮説である。

もしこの仮説がそれなりに妥当であるとすれば、会社を辞めないという慎重さと、なおかつ、社会全体にも自身にも意義を感じられる活動を求めるという志向とを両立させる方程式の解として、いま「ソーシャル」というキーワードが注目されているのではないか。そして、プロボノは、その延長線上にある無理のない現実的な行動スタイルの選択肢の一つとして、社会人の目に映っているのではないだろうか。

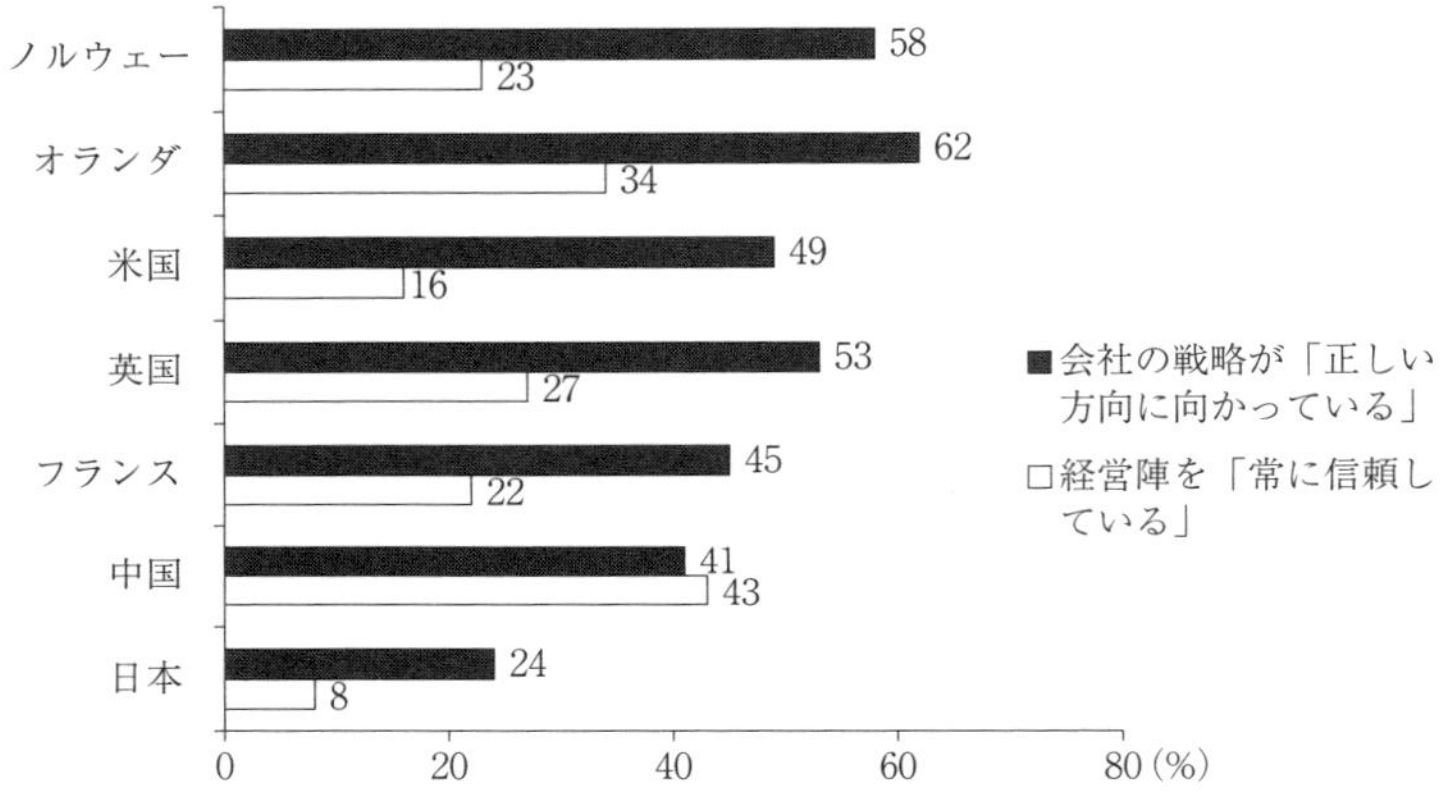

図 3-8　職場に対する不満の要因に関する国際比較

出典：スミス社「仕事と職場の評価に関する世界意識調査」(2006 年 8 月) を元に筆者作成.

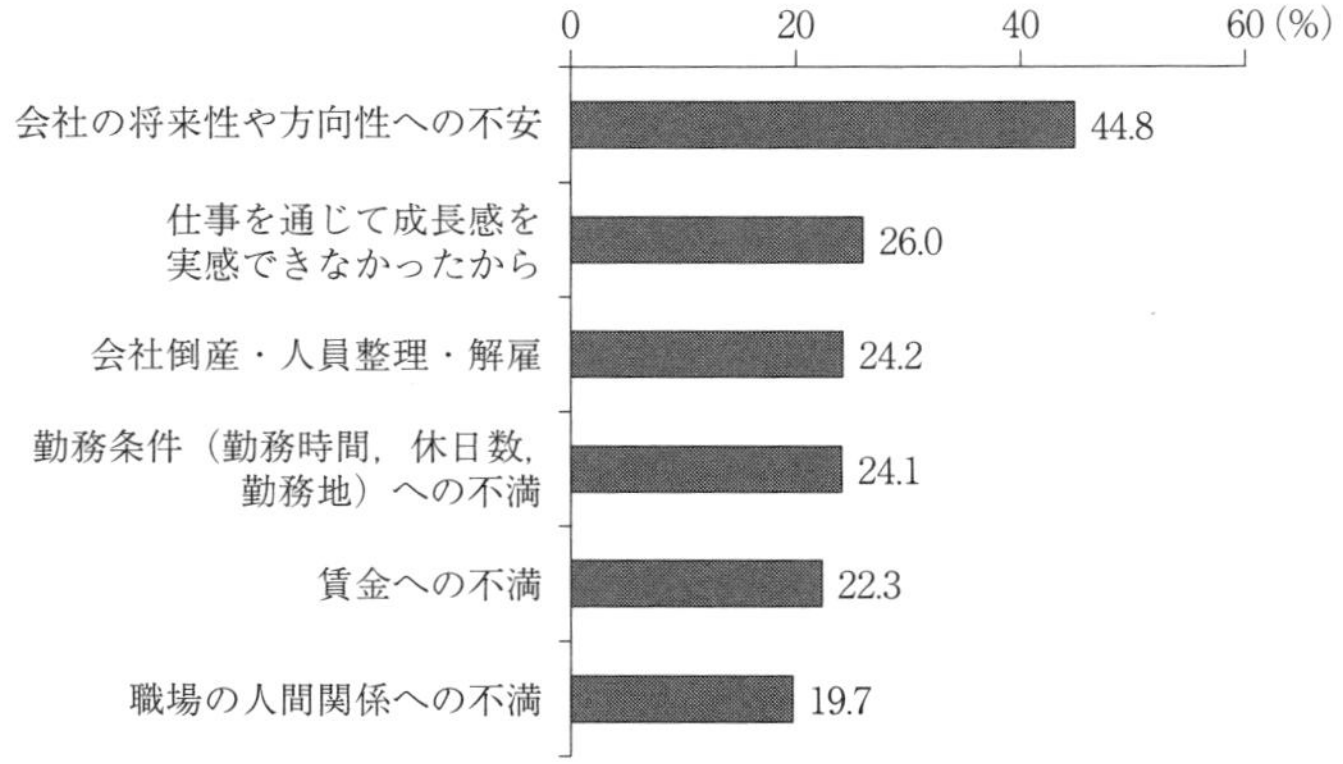

図 3-9　転職者の前職に対する不満（複数回答）

出典：リクルート社「転職者の動向・意識調査　2010 年 4 月―6 月期」を元に筆者作成.

(二) 先細りする企業の教育投資

世界的な競争や景気の後退など、企業を取り巻く環境は厳しい。そのしわ寄せは従業員に対する教育投資に如実に反映されている。

特に二〇〇八年度は、リーマンショックとそれに伴う景気の急減速の影響で、企業の教育研修は大幅に減少している。特に、職場で実務経験を積みながらスキルを習得するOJTの減少がわずかであるのに対して、業務と分けて特別に研修の時間を確保する職場外研修（OFF-JT）については、実施した事業所の割合で約一〇ポイント、費用では約半分に急減している。また、従業員の自己啓発を支援する企業も減っており、自己啓発を支援するための費用も大幅に減少している。

こうした教育投資が減少している中で、OJTの減少傾向がわずかであるのは、現場実務に近い研修については削減できないという判断によるものであろう。確かに、経済環境が厳しい中では、先行投資よりは現在の収益確保が優先されるのは当然で、その中で教育よりも現場実務により強い力点が置かれることは無理もないことだ。

このように、企業内でスキルアップをする機会が減っていることは、実は、社会人が「ソーシャル」に向かう原動力につながる。というのも、実務に直結する能力やスキルを除いては、自らを高める情報や知識に接する機会が企業の中で減っており、これまでのように会社が自身の成長にまで責任を持ってくれるという期待を、以前よりも抱きづらい環境になりつつある。その分を、社外のさまざまな接点をつくりだすことによって補っていくことは合理的な選択だからだ。

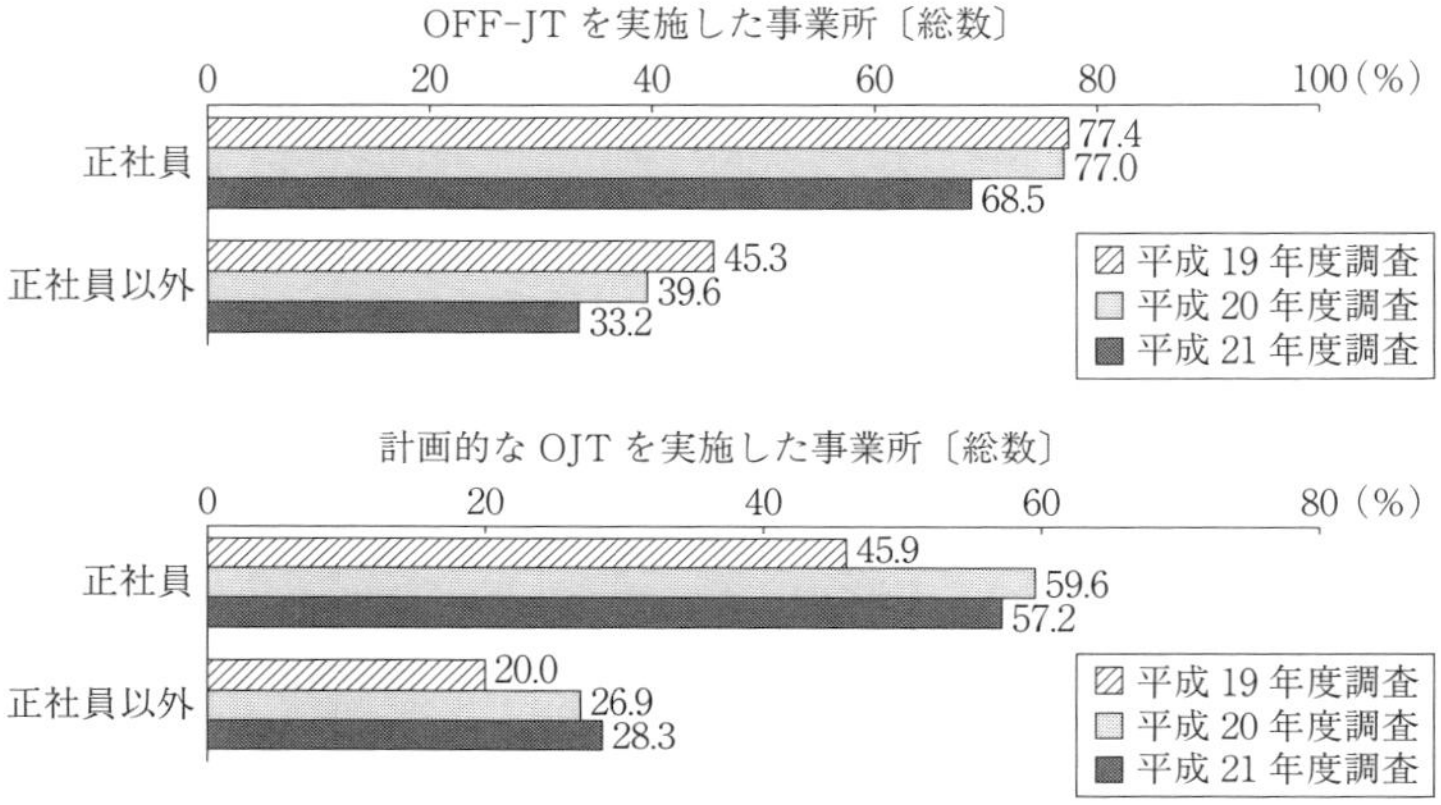

図 3-10　企業の教育研修は，特に職場外研修の減少が顕著

出典：厚生労働省「能力開発基本調査」（平成 21 年度）.

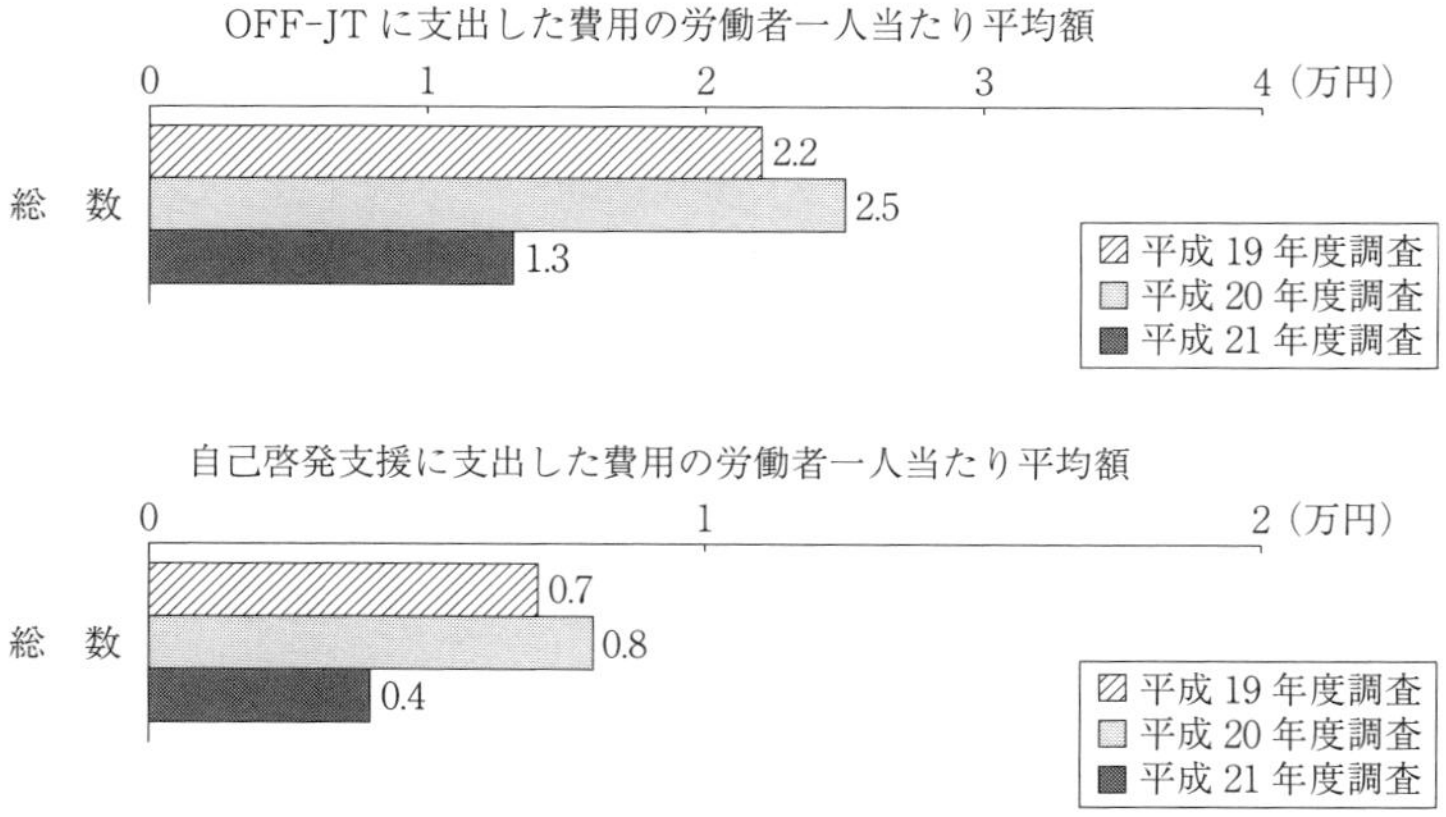

図 3-11　企業の教育投資は大幅に圧縮

出典：厚生労働省「能力開発基本調査」（平成 21 年度）.

（三）広い視野を求められる仕事

もう一つ考えられることが、仕事の質の変化とも言うべき現象である。二〇一〇年十一月、企業の社会的責任（CSR）に関する国際規格「ISO二六〇〇〇」が発効した。いよいよCSRという考え方が、企業をはじめさまざまな団体・組織全般にわたって普及するようになるだろう。CSRについてこの場で深く踏み込むことはしないが、CSRを考える上で一つ重要な視点は、株主や顧客だけを対象にした事業の捉え方だけでは、企業活動が立ち行かなくなっている、ということだ。CSRという視点で企業経営を考えるとき、多様な「ステークホルダー」との対話や配慮、連携などがますます求められるようになっている。

「ステークホルダー」とは、従来の「シェアホルダー（株主）」という言葉への対抗概念として、企業は、従業員、顧客、取引先、本社や支店が存在するコミュニテイ、コミュニテイで活躍するNPOなど、企業活動の延長に存在する関係者を総称する概念だ。そして、多様なステークホルダーごとにニーズとリスクをきめ細かく把握し、ステークホルダーとの対話を重ねることが、健全な事業の推進には不可欠であるという考え方が浸透しつつある。企業には、従来以上に社会に対する広い視点が求められているのだ。

また、昨今、企業のプロモーションでも「ソーシャル」への関心はにわかに高まっている。「コーズリレーティッドマーケティング」と呼ばれる手法で、商品の販売促進に社会貢献の要素を織り交ぜる手法だ。ミネラルウォーターの会社がアフリカの貧困地域の井戸掘削を支援するキャンペー

表3-1　企業人がプロボノに参加する際に期待すること

“新しい知的刺激”	社会問題に対する知識の獲得につながる	4.2
	視野が広がったり、新しい発想が生まれる	4.9
	社外の人とのネットワークが広がる	4.5
	社会貢献活動の新しい手法を経験できる	4.1
“自身の成長・スキルアップ”	自分自身のスキルアップにつながる	3.6
	仕事の生産性アップにつながる	2.5
	同僚（上司・部下含む）との仕事の進め方改善につながる	3.1
	資格の取得・更新に役立つ	2.1
“社内の交流・企業価値向上”	社員同士のネットワークが広がる	4.1
	部署をまたいだ連携のきっかけにつながる	4.0
	活動がメディア等で紹介され、多くの人に知られる	3.3
	会社に対する社会的評価がより一層高まる	3.7

出典：「NEC社会起業塾ビジネスサポーター」参加者に対するアンケート調査より．

ンを行ったり、ビール会社が日本各地の自然環境の保全修復に寄付を行うキャンペーンなど、社会貢献的な動機が商品の売上を後押しするという仕掛けは、消費者の支持を得るために一定の効果を上げている。

このように、これまでの狭い視野では、まったく考慮にいれる必要のなかったような地域、環境、社会貢献といったキーワードに対して、企業も無関心でいられなくなっているのである。

表3－1は、日本電気株式会社（NEC）が、同社で働く社員に参加を呼びかけて実施したプロボノプロジェクト「NEC社会起業塾ビジネスサポーター」に参加した社員に対するアンケート調査の結果である。このアンケート調査では、プロボノとして参加を希望する社員が、参加にあたってどのようなことに対して期待を抱いているかについて尋ねている。

この質問項目の中で、ほぼ全員が五段階中の五という高い評点を付けたのが「視野が広がったり、新しい発想が生まれる」という項目で、平均で四・九点を記録した。その他、「社外の人とのネットワークが広がる」(四・五点)、「社会問題に対する知識の獲得につながる」(四・二点)といった項目も軒並み高い期待を示している。もう一つ、興味深い点は、「自分自身のスキルアップにつながる」(三・六点)といった項目を差し置いて、「社員同士のネットワークが広がる」(四・一点)、「部署をまたいだ連携のきっかけにつながる」(四・〇点)など、社内におけるコミュニケーションや連携の強化への期待が高いことである。

このように、日々の仕事に直結するスキルアップというよりもむしろ、視野の広がりや人脈の広がりなど、いわば間接的で中長期的な自身の成長につながる可能性に、より強く期待する傾向が見てとれる。そして、こうした広い視野を持つことが以前にも増して仕事に取り組むうえで求められている、ということを、多くのビジネスパーソンが敏感に感じ始めているとも言えるのではないだろうか。

以上見てきたように、いまの社会人は、会社の方向性や将来性に対する不満や不安を感じながらも、会社を辞めることには慎重であるということ、一方で厳しい経済環境にある企業は従業員に対する教育投資を削減せざるを得ず、これまで以上に個々人で成長の機会を社外に見つけるべき状況にあること、さらに、企業は従来以上に社会の多様な主体との関わりを意識することが求められるようになってきた中で、社会人は自身の視野を広げるべきことが時代の要請となりつつあること、こうしたさまざまな背景が、社会人をして「ソーシャル」に向かわしめる要因ではないだろうか。

プロボノワーカーの登場は、こうした日本の働き手の仕事をめぐる環境と密接に結びついているように思う。

3　プロボノワーカーの参加動機

このような社会の背景と、実際のプロボノワーカーの姿とは、果たして見合っているだろうか。そこで、筆者が運営するプロボノの活動「サービスグラント」に登録するボランティアの参加動機に迫ってみたい。

本章の1で紹介したように、サービスグラントには働き盛りのビジネスパーソンがボランティアとして参加している。こうしたプロボノワーカーのうち、登録時に「参加のきっかけ・動機」を入力した三九二人の回答結果から、図3-12に示すような参加動機が浮き彫りになった(1)。

それによると、三九二人中一四五人が回答し全体のトップとなったのは「スキルや経験の活用」というものだった。プロボノワーカー全体の三六%が自身のスキルや経験を有効活用できることが、プロボノに参加する動機であると述べている。プロボノの最大の特徴は職業上の専門的スキルを活かすということに他ならないが、そのことが、参加者の参加動機に直結している。

続く参加動機が「ボランティア・社会貢献への関心」だった。この中には、「何かの役に立てれば」あるいは「数年前からボランティアを探していた」といったかたちで、具体的ではないがボラ

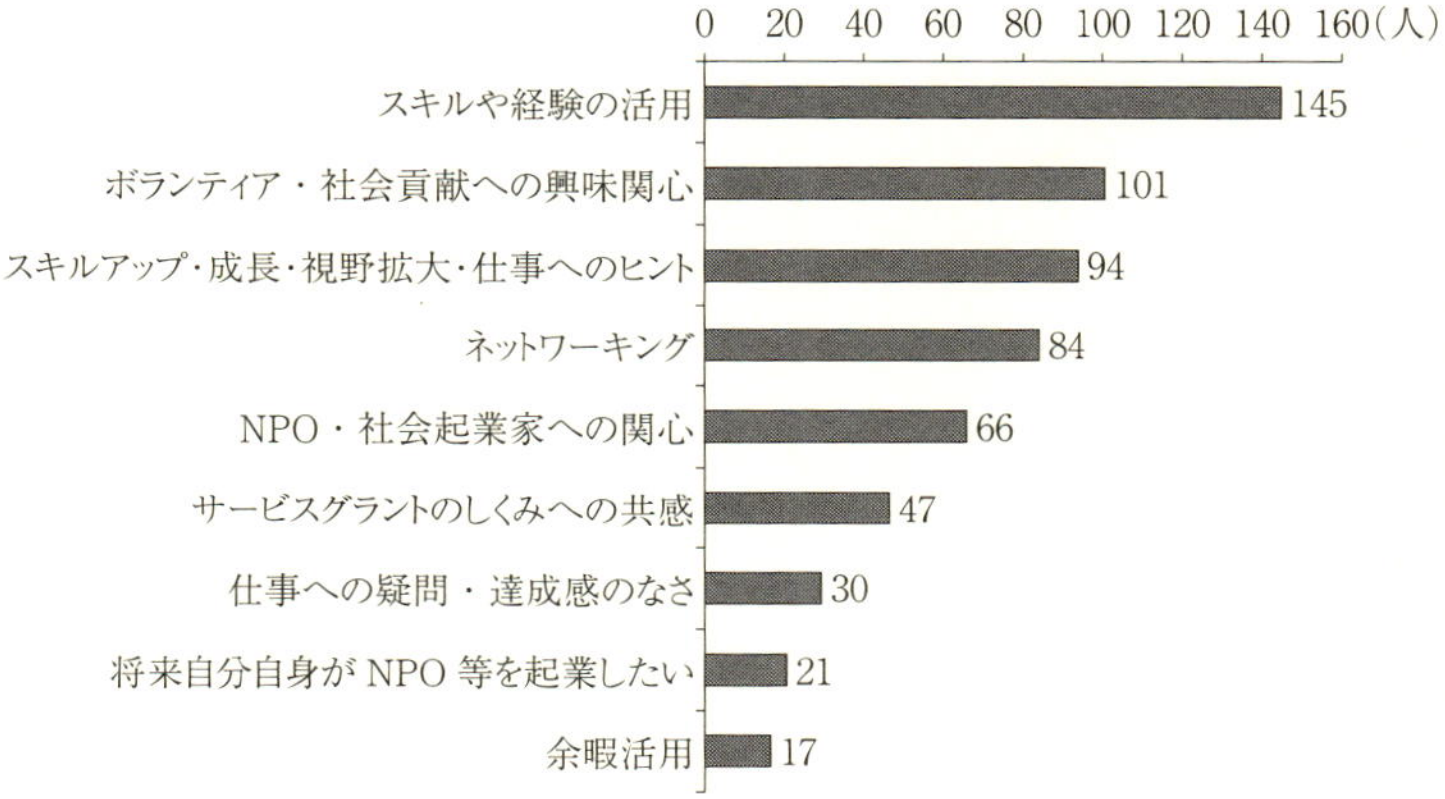

図3-12　プロボノワーカーの参加動機

※複数選択　N＝392

ンティアや社会貢献に対して関心を持っており、なかには既にさまざまな形でボランティアを実践してきた人もいる中で、プロボノにも関心を持ち参加登録をしたということである。

第二位と近いスコアで第三位となった参加動機は「自身の成長」である。回答者が記入した「成長」を表現する言葉はさまざまだが、大きな傾向として「スキルアップ」「視野の広がり」「仕事へのヒント」「経験の蓄積」といった言葉が代表的なキーワードとして挙げられる。プロボノを通じて、日ごろの仕事とは異なる分野や相手と接することで、自身の働き方に何らかのフィードバックを期待する声と言えよう。

このように、上位三位までに並ぶ要素を眺めていると、「スキルを活かして」「社会貢献をしながら」「自身の成長にもつながる」という、プロボノのメッセージを、プロボノワーカーたちもバランスよく感じとっているように思われる。と同時に、自身の成長が最上位に上るのではなく、むしろ自身のスキルをもっと有効に活用したい、社会に生かしていきたいという声がトップに来るところに、プロボノワーカーたちのモラルの高さが感じられる。

参考までに、この中で最もスコアが低かったのが「余暇活用」であった。これは時間が余っているといった表現を抽出したものだが、そうした回答は全体的に少数派だった。また、下から二番目となった回答が、将来、自身でＮＰＯや社会事業を立ち上げたいと考えておりその参考としてプロボノに取り組もうとする声で、これは三九二人中二一人にしかすぎなかった。もちろん、起業を考えている人でも、自ら記入しない人もいるだろうが、自身でＮＰＯのリーダーや社会起業家として立ち上がろうとまで考えている人はやはり少数派のようだ。

下から第三位にあるのが仕事への疑問や仕事の達成感のなさについて触れたものである。つまり、いまの仕事が充実していないから、あるいは、仕事に対する不満があることが要因となってプロボノに参加するというストーリーは、全体を見渡した中で決して多数とはいえない。ビジネスパーソンがプロボノに向かう理由を、会社の仕事が不満だから、仕事が充実していないから、あるいは、会社に対する何らかの抗議の表れとして、といった理由で解釈しようとすれば、それは、プロボノワーカーに対する見方として、一面的に過ぎるものといえよう。

4　プロボノの実感

このような動機によって参加したプロボノワーカーたちが、どのような実感を得てボランティアを終えるのか。引き続き、サービスグラントの参加者の声を拾い上げてみよう。そこからは、興味深い傾向が分かる。

サービスグラントの参加者は、プロボノのプロジェクトに参加し、成果を提供した上で、最終的な印象として、次のようなコメントを寄せている。

「単なるイベントのお手伝い程度のものではなく、非常にレベルの高いものとなり、通常の仕事同様の緊張感と高い意識で取り組むことができました。」（電機メーカー、30代・男性）

「これまで参加してきたボランティアでは出会わない人たち（ほとんどボランティア経験のない方々）で、逆に作業の進め方が仕事と同様できっちりしており、他のボランティア活動や自分の仕事の進め方に対してよい刺激になりました。」（出版社、20代・女性）

「自分の気付かない一面に対する評価を得られ、仕事に対する自分のあり方が少し変わった。」

（コンサルタント、30代・男性）

「違う業種の方と知り合いになり、いろいろな面で参考になった（仕事に対する考え方、成果物制作のためのさまざまな意見が聞けた）。」（生命保険会社、30代・女性）

「チームのメンバーが仕事に関わる姿勢を見て、自分を振り返るよい機会となった。」（広告代理店、20代・男性）

これらのコメントからは、異口同音に、プロボノというボランティアの経験を通じて、プロボノワーカー自身の仕事に対する何らかのヒントを得ることができたという要素を見てとることができる。また、参加当初に期待していた社会貢献や人脈づくりなどの実感もあるようだ。

プロボノは、基本的に、ボランティア活動の一種である。プロボノの主たる目的はＮＰＯを支援することであり、社会貢献の要素なくしてプロボノが成立することはないだろう。社会人の教育を目的としたプログラムは他にも数多く存在するわけだし、なにもプロボノだけが社会人の働き方に気付きを与えるものではないだろう。

ただ、社会貢献を実現しながら、なおかつ、社会人にとって仕事への気付きやヒントを得ることができる機会は、プロボノをおいて他にそう多く見つからないことも確かだ。

「ソーシャル」へと関心が向かうビジネスパーソンにとって、プロボノは、自らの興味関心を満たすと同時に、自身の能力を生かし高めていくための貴重な機会として活用することができる。

そして、このことは、ＮＰＯにとっても、これまで非営利の世界とあまり縁がなかった貴重な力を味方につける、グッドチャンスが生まれたことを意味する。プロボノによってビジネスパーソンとＮＰＯとの間に新たなつながりが生まれることにより、お互いが成長し飛躍する可能性が開かれていく。プロボノは、ビジネスの世界にも、非営利の世界にも、新しい風を吹かせる原動力となる可能性を秘めているのだ。

注

（1）プロボノワーカーの参加動機の分類と集計の方法は以下のような手続きを取った。

まず、参加動機の分類に関しては、動機を分類する選択肢として、以下の四カテゴリ、九項目を用意した。

〈自身の力の有効活用〉

一、スキルや経験の有効活用

二、余暇・空き時間の有効活用

三、自身の成長（スキルアップ、視野の拡大、現在の仕事への刺激やヒント）

〈自身のメリット〉

四、人脈の拡大、ネットワーキング

五、自身の将来的な起業やＮＰＯ立ち上げのための参考

〈社会的な関心〉

六、ボランティア・社会貢献への関心

七、ＮＰＯ・社会起業家への関心

八、サービスグラントというしくみへの関心・共感

〈仕事への不満〉

九、仕事への疑問・不満

そのうえで、参加者が入力した「参加のきっかけ・動機」の文章から、右記の項目に該当する要素が含まれていると判断されたものをすべてカウントした。例えば、次のような方法である。

〈「参加のきっかけ・動機」として記入された内容〉

数年前からボランティアに参加したいと思っていたが、同じ参加するのであれば自分のスキルを生かしたもののほうが、より貢献度が高いと考え、そのようなものを探していた。

改めて動機といわれても、できる範囲で誰かの役に立ちたい、という気持ちは自分の中では自然なものなので、ちょっと説明しにくいですね。

ここ数年、時間的な余裕が少し出てきたということもあります。

〈筆者による分類の結果〉

「数年前からボランティアに参加したいと思っていた」

「できる範囲で誰かの役に立ちたい、という気持ち」

↓「六、一般的なボランティア・社会貢献への関心」に1カウント

「自分のスキルを生かしたもののほうが、より貢献度が高い」
　→「一、スキルや経験の有効活用」に1カウント
「時間的な余裕が少し出てきた」
　→「二、余暇・空き時間の有効活用」に1カウント

第4章　「成功するプロボノ」の条件

ＮＰＯとプロボノワーカー、つまり、非営利と営利という相異なるバックグラウンドにある両者が出会うプロボノ。その化学反応次第では、ＮＰＯが単独では得られない貴重な力を得ることにつながるだろうし、プロボノワーカーとして関わるビジネスパーソンにとっても、さまざまな知的刺激を受け、成長の機会を得ることになるだろう。

このような幸せな出会いを可能にするには、どのような条件を整えることが必要か。ＮＰＯとプロボノワーカーとの出会いを成功させるために、どのようなしくみが求められるのかを考えるのが、本章の目的だ。

今まで見てきたように、ＮＰＯにもビジネスパーソンにも、すでに、そこに、プロボノのプロジェクトが立ち上がる潜在的なニーズは存在している。ただ必要なのは、お互いを効果的につなぐための「システム」である。

本章では、これまでみてきたＮＰＯとプロボノワーカーについての理解を踏まえながら、その両者の円滑なパートナーシップを可能にする「システム」に着目し、プロボノを成功させる秘訣に迫りたい。特に米国においてプロボノの発展をけん引するＮＰＯ「タップルートファウンデーション」に多くを学びながら、「成功するプロボノ」のエッセンスを見出していこう。

1 「開かれたシステム」の可能性

プロボノはNPOとプロボノワーカーとが出会うことからスタートする。だが、あくまで出会いはスタートを意味するだけであり、両者の出会いが真に幸せなものと言えるようになるためには、持続的な関係を通じて、両者が成長や状況の改善を実感し、結果的に、両者にとってプラスの効果が生まれていることが大切である。

いいかえれば、NPOとプロボノワーカーとが出会うということ自体は、実は、プロボノの真の目的ではない。むしろ、両者の共同作業を通じて、課題解決や状況の改善につながる新しい何かが生み出されることがあって、初めて両者の出会いは成功だったということができる。

そのためには、ただ両者を単発的に「紹介する」というだけではなく、両者が出会ってから、お互いにどのようなコミュニケーションをとり、どのような進め方にしたがって物事を運び、成果を生み出していくのかという工程を示すことが有効である。そこに、プロボノを成功させるための「システム」が存在する。

システムという概念をイメージするために、コンピューターシステムを例に考えてみよう。一般的に、コンピューターシステムは、個々の「プログラム」の組み合わせによって構成される、プログラムの複合体である。そして、プログラムとは、入力された情報を、所定の演算処理を経て出力する、という情報の流れを規定するものである。例えば、「二で割る」というプログラムがあるとすれば、そこに「一〇」という数字を入力すれば自動的に「五」という数字を出力する。こうした個々のプログラムの組み合わせが、システムである。

プロボノを成功させるためのシステムを考えようとすれば、実に多くの工程が存在し、さまざまなプログラムが考えられる。例えば、最初に必要なことは、日ごろ仕事で活躍するビジネスパーソンがプロボノに関心を持つようにすることだろう。次に、彼らにプロボノに対する理解を深めてもらうことも必要だ。さらに、自身の経歴や参加動機などを登録してもらい、そうして集まったプロボノワーカーによってプロジェクトを立ち上げることが続くだろう。いざプロジェクトが始まってからは、NPOの状況を正確に把握したうえで、NPOに対する提案を的確にまとめることになる。そして最終的な成果物を確実にNPOに対して提供することをもって、プロジェクトは成功ということができるだろう。このように、プロボノのプロジェクトが成功を迎えるためには、ゴールに至るまでにさまざまな工程がある。これら一つひとつの工程が着実に動いていくことで、全体のシステムがうまくいく。

もちろん、システムといっても、万能なものをつくるのは困難だ。プロボノの主役は、ゼロか一かで表現されるデジタルな情報ではなく、生身の人間である。だからこそ、事は複雑である。また、そもそもボランティアの世界にこうしたやや機械的な感触のする発想はそぐわないという意見もあるかもしれない。また、意欲的な人は、規定されたプログラムなどなくても、単身NPOに飛び込んでいき、自身のスキルを生かして見事な成果を収めることだってできてしまうだろう。ただ、ここでは、そうした傑出した個人の頑張りによるのではなく、より多くの人が、人並外れた努力や労力を要しなくても参加できるような、「開かれたシステム」の可能性を考えようとしている。

ここでプロボノを支えるシステムについて説明していく理由は、プロボノに参加しようとする個人が、そして、プロボノによる支援を受けようとするＮＰＯが、それぞれの場面においてどのように振る舞うことがよいかの進め方の流れを共有するためである。そうした進め方の流れによって構成されるシステムが目に見える分かりやすい形で存在していることは、プロボノが、多くの人にとって参加しやすく、より開かれたものとして社会に根付いていくうえでは、欠かせないものである。

2　プロボノのリスク

プロボノが成功するためのシステムを考える材料として、ここでは逆の視点で、プロボノの失敗について考えてみよう。プロボノワーカーとＮＰＯという、相異なる思考様式や行動パターンを持つ両者の出会いは、お互いの期待や価値観の違いゆえにすれ違いが生じ、ややもすれば期せずして対立構造に陥る危険性すらはらんでいる。プロボノのリスクとは何だろうか。ここで、プロボノがうまくいかない典型的なエピソードをいくつか紹介しながら、そのリスクを挙げ、プロボノを成功させるための条件を探っていこう。

(二) プロボノワーカーの知識と心構えの問題

十分なビジネススキルや業務経験を持っていたとしても、プロボノワーカーが、NPOにおいて本当の意味で役に立つとは限らないことがある。

例えば、人によっては、企業の尺度をそのままNPOに持ち込み、「普通の企業なら当然できていることがこのNPOにはできていない」と、NPOの不完全なところを指摘する評論家になってしまうケースがある。そこには、NPOという組織が、ビジネスの世界では想像できないほど、ごく限られたリソースの中で活動しているという現実への認識不足があるのかもしれない。もしかすると、NPOの力が及ばないこと、実現できていないことを指摘することは、意外と簡単なことかもしれない。だが、さまざまな不足を抱えた組織がいかに社会の中で存在感を高め、成果を上げていけるかを考えることは十分チャレンジに満ちた課題だ。せっかくのプロボノワーカーが力を注ぐべきは、そうしたチャレンジの部分であるべきだろうが、そのためには、NPOの現在置かれた状況について、ある程度の前提となる知識が必要だ。

第3章でもふれたように、プロボノワーカーの多くが、NPOやボランティアの経験を持っておらず、プロボノという機会が、その人にとって初めてNPOに関わる場面となる可能性は高い。そのため、基本的なことかもしれないが、NPOという制度や組織形態に関する一般的な基礎知識について、プロボノワーカーに対して一定の認識を共有してもらうことが、最初の段階で必要である。プロボノワーカーは、実はNPOのことを最初からよく理解しているとは限らない、という想定から出発すれば、プロボノワーカーがＮＰＯに対して、さしたる悪意もないのに「上から目線」になってしまうような事態を、少なからず避けることができるだろう。

(二) ＮＰＯの受け入れ体制の問題

ＮＰＯの側にも、プロボノが機能するような「依頼の仕方」や「受け入れ体制」が必要だ。

例えば、あるＮＰＯがプロボノとして参加するデザイナーに対して、その団体のパンフレットの制作を依頼したとする。だが、その頼み方がデザイナーの頭を抱えさせることがある。例えば、「インパクトがあるものを」「一目見て団体の活動が分かるものを」といった抽象的な要望だけを伝えたり、あるいは「センスに任せます」と、いわゆる丸投げに近いような形で依頼をしてしまうようなことも往々にして起こるのだ。抽象的なかたちで依頼をしたり、相手の「センス」に依存してしまうと、結果的には、よほどのラッキーな場合を除いて、ＮＰＯが望む成果物と、デザイナーが提案する成果物との間には食い違いが生じてしまう。

そのとき初めて、それまでの議論が不十分だったことに気付き、またゼロから振り出しに戻るか、そのまま作業が暗礁に乗り上げてしまうか、どちらかが大幅に妥協するなどしてなんとか決着をつけるか、といった解決策に進むことが想定されるが、いずれの場合にせよ、当初思い描いた成果への道筋は、思った以上に簡単ではないと気付かされる。

ここでの最大の課題は、作業を依頼する時点で、目標とする成果物に対する要望を具体的に共有しなかったことだろう。そこには、ＮＰＯが陥りがちな暗黙の了解がある。つい、ＮＰＯの内部で活動している人は、そこに集まるプロボノワーカーも、自分たちと同じとは言わないまでも、自分たちが当然と思っているいくつかのことについては前提を共有していると思ってしまいがちである。ところが、プロボノワーカーのＮＰＯに対する知識レベルは個人差が非常に大きい。体系的な研修プログラムなどを提供するのでない限り、プロボノワーカーのＮＰＯに対する理解の度合いは千差万別であると考えたほうがよいだろう。

お互いが共通の基盤を持たない中で、相手の「センス」に頼ってしまえば、ズレが起きたときに収拾がつかない。これはプロボノワーカーの側が悪いのではない。ＮＰＯ側が、自らが伝えるべき情報を相手に十分伝えておらず、人に物事を依頼するにあたって不用意な進め方をしてしまった、ということなのだ。

その他、ＮＰＯ側の意思決定プロセスに課題があることも多い。窓口になっている担当者が一旦了承しても、ＮＰＯの理事など重要な役職に就く人たちがさまざまな意見を繰り出すことで今までの決定が覆ってしまう、といったことは、ＮＰＯによっては起こり得ることである。理事の中にこだわりの強い人物がいたり、発言力の大きい人物がいるようなＮＰＯは、個性的で面白い組織である可能性も高いが、意思決定がブレる可能性があるという点では、注意が必要かもしれない。

プロボノワーカーに対する「頼み方」そして「決め方」は、プロボノを成功させる鍵である。そのためには、プロボノを受け入れるＮＰＯ側の体制が整っていることが不可欠だ。

(三)　進行管理の問題

正義感に燃えたプロボノワーカーは、ＮＰＯのニーズに対して、なるべく多く応えようと思う。ところが、プロボノワーカーのもう一つの現実は、あくまでそれが本業ではないということであり、現実にはそれほど多くの時間と労力を割けないということである。

ところが、実際に起こり得るのは、そうした現実を一時期忘れてしまうほどの情熱や責任感をプロボノワーカーが持つことがある、ということだ。自らが求められていると感じるとき、人は日常の仕事以上に力が湧いてくることがある。ＮＰＯの運営の現状を聞かされれば、ホームページも、パンフレットも、運営規約も、ロゴも、経理のワークフローも、新サービスの開発も、場合によっては組織名称すらも、すべて考え直してしまいたいような欲求に駆られるかもしれない。そして、「あれもこれも」と触手が伸びていき、作業量が膨れ上がって消化不良となり、その結果、本来目標とした成果が生み出されない、ということが起こりうる。

もう一つ危険なことは、プロボノワーカーの情熱に頼りすぎるあまり、その情熱が冷めたときの落差が生じることがある。一時期までものすごい勢いで進んでいたプロジェクトが、ある瞬間に急に停滞してしまうということがある。急速に盛り上がりを見せることがあっても、山があれば谷が必ず訪れる。問題は、一旦落ち込んだテンションを復調させることは想像以上に難しいことである。だから、プロボノのプロジェクトが盛り上がったときこそ本当は要注意の状態であり、いかに過熱し過ぎないように、パワーを平準化して、着実に成果につなげられるかを考えたほうがいい。

必要なことは、プロボノワーカーおよびNPO双方にとって、何かの拍子にプロジェクトの内容が膨らんでしまったり、方向性がブレてしまったりしたときに、いかに軌道修正し、最終的な着地点を見出すかという点である。お互いにとって、どこまでが実現可能な範囲か、ということを現実的に見据えながら、過度なコミットメントや期待を防ぐことが必要だ。

このように、プロボノワーカーの側にも、彼らを受け入れるNPOの側にも、そしてプロジェクトを進行する過程においても、プロボノにはさまざまなリスクがある。

それにしても、無償の活動であるプロボノでこんな思いをしては、わざわざ忙しい日々に時間を割いて参加するプロボノワーカーも報われないし、NPOにとってもせっかくの貴重な機会を台無しにしてしまってはもったいない。こうした「不幸な出会い」を繰り返さないために、どのような手法が求められるのだろうか。

3 マネジメントインフラの構築

二〇〇一年、米国サンフランシスコ。

プロボノという概念に、偉大なイノベーションが生まれた。

それまで、米国においても、「プロボノ」といえば、弁護士によるボランティア活動を連想するというのが人びとの一般的な反応だった。つまり、伝統的なプロボノのイメージとは、弁護士がその法務知識を生かして、低所得層やさまざまな事情を抱えた人に対して無償で相談に乗ったり、NPOの法務を支援するということだった。

こうした中、プロボノという考え方において、マーケティングやデザイン、ITなど、これまでとはまったく異なる職種との結びつきをつくり、新たなプロボノのスタイルを実践を通じて提示したのが、米国のNPO「タップルートファウンデーション」（以下、「タップルート」）だ。

タップルートの創業者は、IT企業で商品開発やマーケティングの経験を持つアーロン・ハーストだ。彼の祖父ジョゼフ・スレーターは、一九六〇年、ケネディ大統領時代に創設された、国際協力に専門家を派遣する米国連邦政府のプログラム「ピース・コー」の企画構築に関わった人物だ。アーロンはその祖父の仕事にヒントを得て、米国のNPOに向けてプロフェッショナルスキルを提供する「サービスグラント」というプログラムを着想した。

アーロンは、持ち前の強い推進力を活かして短期間で見事な実績を積み上げていく。

筆者が初めてタップルートを訪問した二〇〇四年五月当時、すでにサンフランシスコでは、六〇件のNPOを支援するサービスグラントのプロジェクトが同時並行で走っていた。筆者が二度目にタップルートを訪問したのは二〇〇五年七月だったが、このときには、ニューヨークに支部が開設され、シカゴにも新しい拠点ができるという話が持ち上がっていた。そして、二〇〇九年の秋には、成果物を提供完了したプロジェクトが一〇〇〇件を達成するという快挙を成し遂げた。

表4-1 タップルートが提供するプロボノサービスの内容

人事	経営	マーケティング
人材マネジメント戦略の構築 (Human Resources Capacity Build) 生産性向上のための戦略提案 (Performance Management) 組織拡大戦略の構築 (Strategic Staff Development) 理事の獲得 (Board Recruitment)	経営戦略基礎資料 (Strategic Planning Prep) 成果の評価指標 (Strategic Scorecard) 競合・パートナー分析 (Competitor/Collaborator Analysis) 財務分析 (Financial Analysis)	キーメッセージ&ブランド戦略 (Key Messages & Brand Strategy) ビジュアルアイデンティティ&ブランド戦略 (Visual Identity & Brand Strategy) ネーミング&ビジュアルアイデンティティ (Naming & Visual Identity) パンフレット (Brochure) 年次報告書 (Annual Report) ウェブサイト (Web Site)

出典：Taproot Foundation の資料を元に筆者作成.

タップルートは、NPOに対して、ウェブサイト、パンフレット、ブランド戦略をはじめ、年次報告書、生産性向上のための業務改善提案、理事の新規獲得のための戦略提案、経営戦略基礎資料の策定支援など、合計一四種類の支援メニューを提供している。二〇一〇年四月現在の状況で、タップルートのプログラムに参加を希望するプロボノワーカーの数は三万人を超え、プロジェクトが最終的な成果物の提供にまで至っている成功確率は九四%。プロボノワーカーの九七%がプロジェクトに参加したことに満足を覚え、NPOの九七%は組織の基盤強化に役立ったと回答するなど、きわめて高い水準で成果を収めている。現在、タップルートは、本拠地のサンフランシスコ、ニューヨークのほか、ワシントンDC、シカゴ、ロサンゼルスの五地域に展開しており、五〇人を超える常勤スタッフを擁する組織へと成長している。

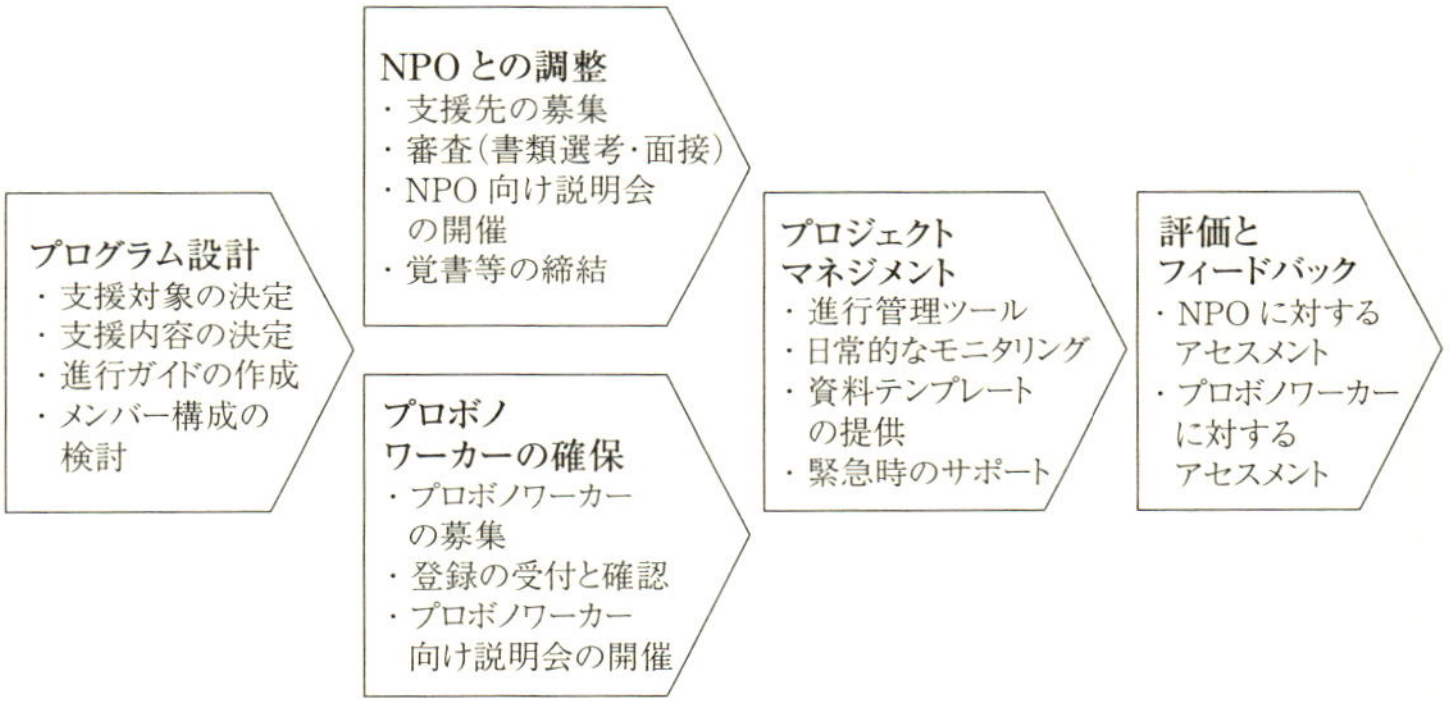

図4-1　プロボノプロジェクトのマネジメントに関する基本的な枠組み
出典：Taproot Foundationの資料を元に筆者作成.

ボランティアによるプロジェクトが、これほどの規模で同時に進行し、しかも高い成功確率や参加者そしてＮＰＯの満足を実現しているということは、プロジェクトマネジメントに関わる経験を持つ読者諸氏であれば、それがいかに驚くべき成果であるかを理解いただけるのではなかろうか。

こうしたタップルートの成果を支えているのが、プロボノ独自のマネジメントインフラの存在だ。

図４－１に示すように、プロボノのプロジェクトでは、プロジェクトに着手する前段における「プログラム設計」、プロジェクトの開始の準備作業としての「ＮＰＯの受け入れ体制の確保」およびプロボノとして参加する「プロボノワーカーの確保」、そして、プロジェクト開始後から成果物を提供するまでの「進行管理」、そして、プロジェクト終了後の「評価とフィードバック」がある。そして、それぞれの段階において、プロジェクトを成功させるためになすべきことがある。

繰り返しになるが、プロボノにはさまざまなリスクがある。プロボノワーカーの集め方、ＮＰＯの選び方、プロジェクトの進め方など、さまざまな場面で、プロジェクトが脱線したり停滞したりしてしまう可能性が数多く存在する。にもかかわらず、タップルートが運営するプロボノプロジェクトは、最終的な成果を生み出すに至る成功確率が九四％というきわめて高い実績を残している。プロボノにまつわるリスクを的確に摘み取れば、プロボノワーカーの力と、それを必要とするＮＰＯとの幸福な関係が可能になるというわけだ。

では一体どのようにして？　本章の以後の部分では、より具体的に「成功するプロボノ」のための方法論に迫っていこう。

４　プロボノプロジェクトを企画する

プロボノのプロジェクトを組み立て、具体的な成果を収めるためにはどうすればよいか。米国のタップルートから得たヒントと、日本における筆者の実践を踏まえて、プロボノプロジェクトを成功させるための要点を五つのステップに集約した。

ここでは、主に、プロボノのプロジェクトを企画し、運営する主催者の立場に立って議論を進める。その立場とは、具体的には、社会貢献活動や人材育成などの観点から従業員が参加するプロボノの機会を創出したいと考える企業、市民活動促進やＮＰＯの活性化を目的として専門知識やスキルをもつ市民による参加の機会を創出したいと考える行政や中間支援型ＮＰＯなどである。

ステップ１：効果的なプログラムを設計する

プロボノの主役は、単純化して言えば次の三つに集約される。

それは「スキルを提供するボランティア（プロボノワーカー）」「支援を受けるＮＰＯ」「プロボノプログラムの主催者」の三者である。成功するプロボノの出発点は、この三者の能力や期待が合致する領域や方向性を見定めることから始まる。

（a）ボランティアの視点

では、まずはボランティアの視点から発想してみよう。プロボノは、その定義上、仕事を通じて身に付けたスキルを活かすボランティア活動である限り、「いま」「すでに」スキルを持っている人がいることが前提になる。だから、プロボノプロジェクトを設計する際には、現時点で存在しているスキルを棚卸する作業から着手していこう。

企業がプロボノに取り組もうとした場合、まず自社の従業員の中心的な能力（コアコンピタンス）が何か、そして、それぞれの従業員が何人ぐらいおり、彼らの業務状況を把握したうえでボランティアに割くことができる時間的な余裕があるかどうかについても把握しておきたい。行政やＮＰＯがプロボノに取り組もうとした場合も、企業と同じように、その地域にどのような住民がおり、どのようなスキルを持っているかを把握することが一つの切り口になるだろう。

米国のタップルートが拠点とする場所はサンフランシスコであり、その創業者はＩＴ企業のマーケティングに従事していた。サンフランシスコにはＩＴ関係の人材が豊富にあり、マーケティングやクリエイターなども多数集まっている。こうした人材のプールなくしてタップルートが立ち上がることはなかったはずだ。

（b）ＮＰＯの視点

次に、プロボノによる支援を受けるＮＰＯはどうか。いうまでもなく、ＮＰＯのニーズを正確に把握することが肝要だ。

ここで気を付けなければならないことは、ＮＰＯのニーズは、活動年数、参加者の規模、事業モデル等によって異なるという点だ。

米国と日本のＮＰＯの置かれた状況が違っていることを反映するように、米国のタップルートと、日本のサービスグラントとでは、ＮＰＯに提供する支援内容も異なっている。米国では、ＮＰＯの経営戦略や、人事戦略など、コンサルティングを主体としたプロジェクトも数多く提供されているのに対し、日本においては、ウェブサイトやパンフレットなど、成果物が具体的で明確なものが中心である。

この背景には、米国と日本とのＮＰＯをとりまく環境が関係している。米国のＮＰＯの中には、もちろん零細な団体も数多く存在するが、年間の予算規模が数千万円あるいは数億円を超え、職員を数名から数十名、あるいはそれ以上雇用している組織も少なくない。ある調査によると、米国ではNPOで働く労働者数が全労働人口の九・七パーセントを占め、給与総額においても八・一パーセントに上り、NPOによる経済活動は国内総生産の五パーセントに達していると言われている。(1) それだけ、米国ではNPOの層が厚いのだ。このように組織が大きくなり、そこで働く人が増えたときに必要となるものが、戦略コンサルティングのようなサービスであるのに対して、日本のNPOの現状は専従の職員が雇用できるかどうか、という水準にある組織も少なくないし、仮に職員を雇用しているとしても、その数は数名いれば多い方というところだろう。こうした小規模な組織においては、実務的なリソース不足が顕著であり、コンサルティングのような支援よりは、より具体的で直接的な成果物を提供するサポートが求められるものとなる。

ところで、NPOでの実践経験がない人が、NPOのニーズをどのようにすれば理解できるだろうか。そこで、NPOに何が求められているか、を見誤らないための最も重要な視点を一つ挙げるとすれば、それは、他ならぬ「資金調達」ではないかと思う。おそらく、NPOの人に対して、組織の現状の課題を尋ねたときに、資金調達を挙げない人はいないだろう。それぐらい、資金調達はどのNPOにとっても普遍的な課題だ。プロボノは、資金を提供する支援でない、ということは明らかだが、NPOの資金調達につながるような支援を提供するという視点を忘れなければ、NPO

のニーズから外れることにはならないだろう。

筆者が運営するサービスグラントがＮＰＯのウェブサイト構築に注力する理由は、いまやウェブサイトは企業や行政がその組織に関する情報を得るための基盤となるものであり、ウェブサイトが資金調達の可能性を広げ、また、ウェブサイトが充実していないことが資金調達における機会損失を生みかねない重要なツールだからである。パンフレットを制作するのも、ＮＰＯが企業や行政に対して一目で分かりやすく団体の活動を伝えられるようにすることで、より重要な、企業の協力や行政との連携などの具体的な話に入っていきやすくなり、また、企業や行政の組織内部における説明を容易にするという目的がある。一方、米国のタップルートが、ＮＰＯに対して中長期的な経営戦略の策定を支援するのは、米国における助成金プログラムの多くが、ＮＰＯが有効な経営計画を策定し計画に沿って活動を行っていることを助成の採択条件として重視していることが、背景にある。

（c）主催者の視点

プロボノを通じて、どのような成果を実現させるか。あくまでプロボノワーカーとＮＰＯとの間をつなぐ〝黒子〟の役目ではあるが、とはいえ、プロジェクトの成否に重要なカギを握っているのは、プロジェクトを企画し運営していく主催者の存在である。主催者には、ボランティアとＮＰＯという両者の価値観や行動様式を理解しながら、社会に新しい価値を創造するためのクリエイティブな発想が求められる。

と同時に、主催者自身が置かれた立場や諸条件なども踏まえた、現実的なプランづくりも必要だ。例えば、企業が主催者となってプロボノのプロジェクトに取り組もうとする場合、その企業のどの部署が主導するかによっても方向性は変わってくる。

プロボノのプロジェクトを先導する可能性が最も高いのは社会貢献担当部署だが、この場合、企業としての社会貢献の全体方針に則ってプロボノを位置づけることが当然求められる。企業が注力する社会貢献の分野はどこか、そこにプロボノをどのように関連づけることができるか、そのことによってその分野でどのような社会的な価値と企業にとっての価値を生み出すことができるか。こうした一連の課題を整理してこそ、企業によるプロボノが成立する。

この場合、一つのヒントは、プロボノをまったく新規の取り組みと捉えるのではなく、従来の社会貢献活動の取り組みの発展形態として位置づけることである。

ＮＥＣは二〇〇二年から社会起業家の育成を支援する「ＮＥＣ社会起業塾」というプログラムを社会貢献活動の柱の一つとして実施してきており、毎年数名の有力な社会起業家を輩出し、その起業家たちは各方面で大活躍している。こうした社会起業家の活動をさらに後押しする取り組みとして二〇一〇年に始めたのが「ＮＥＣ社会起業塾ビジネスサポーター」だ。これは、社会起業塾にかかわった起業家を対象に、ＮＥＣ社員がプロボノとして顧客管理システムやウェブサイトなどＩＴのソリューションを提供するというプログラムである。

また、ゴールドマン・サックスでは、東京周辺の児童養護施設や一人親家庭の支援などを長年にわたって積極的に行っている。こうした経緯を踏まえて、児童養護施設やひとり親家庭の支援を行うNPOに対して、ゴールドマン・サックスの社員がプロボノとして団体の基盤整備や事業展開における戦略的なアドバイスを提供する「ゴールドマン・サックス・プロボノプロジェクト」を始めた。社会貢献活動において注力している支援分野で活動するNPOに対して、プロボノという重層的な支援を提供することで、社会貢献活動全体の成果を高める戦略という位置づけだ。

このように、これまで積極的に社会貢献活動を行っている分野において、プロボノのプロジェクトを立ち上げることでさまざまな社員を巻き込み、全社参加の輪を広げていくという進め方は、企業がプロボノを始める上で効果的かつ現実的な方法といえそうだ。

一方、行政や中間支援型のNPOがプロボノを呼びかける場合でも、いままでの経緯や実績、ネットワークを活用しながら、その地域における課題に密着したテーマ、その地域において重点的に育成しているテーマなどに着目して、プロボノのプロジェクトを立ち上げていくことが現実的だろう。

このように、ボランティア、NPO、主催者というそれぞれの視点をかけあわせ、それぞれの方向性やニーズが合致する点こそ、成功するプロボノのプロジェクトが立ち上がる出発点となる。

ステップ2：機能するボランティアを集める

なにはともあれ、プロボノのプロジェクトは、ボランティアとして関わるプロボノワーカーなくしては成立しない。

志あるプロボノワーカーが数多く集まってくれることが、プロボノのプロジェクトを立ち上げることを可能にし、より多くのＮＰＯを応援する可能性を広げていく。プロボノを実現させるためには、プロボノワーカーに関心を持ってもらい、プロボノとして参加することにモチベーションを感じ、スキルと時間を提供することに賛同してもらうことが、はじめの一歩である。

各種統計データは、ボランティアに関心を持っている人は決して少なくないことを物語っている。内閣府の調査(2)によると、国民の六〇・八％の人が、ボランティアに対して積極的に関わってみたいと回答している。にもかかわらず、実際にボランティアとして参加している人は少ないのもまた事実であり、過去一年間にボランティアとして参加した経験を持つ人の割合は二六・二％にとどまっているという数字(3)も出ている。

興味深いのは、ボランティアの障害について調べた文部科学省の調査報告書(4)だ。これによると、ボランティアに関心がありながら参加しない人のうち実に四六・九％の人が、「一度始めたらいい加減なことはできない」と回答している。以下、「他にもしたい余暇活動がある」（四三・七％）、「自分にどのような活動ができるかわからない」（三六・四％）などが続く。ボランティアとしてい

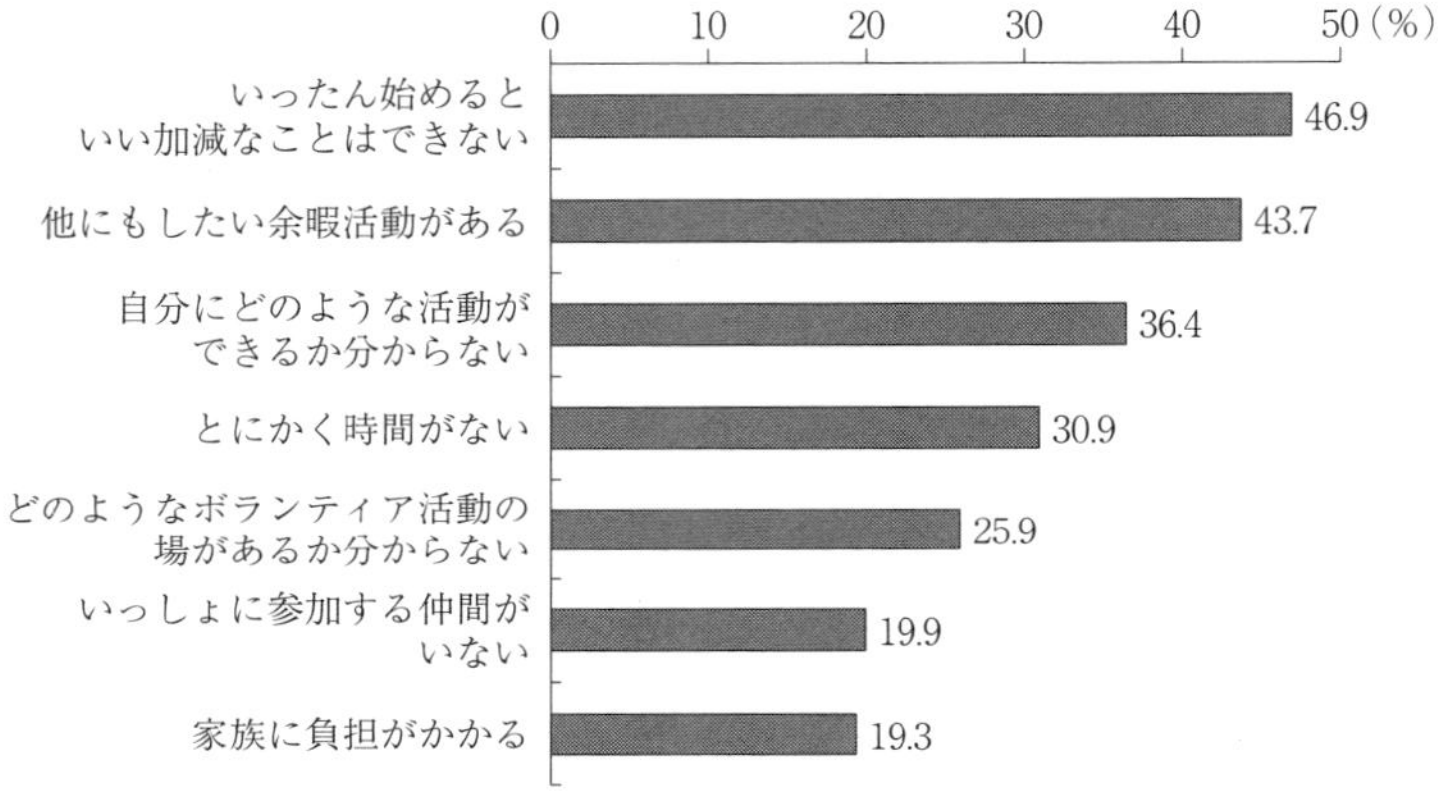

図 4-2　ボランティアへの参加の障害要因

出典：文部科学省「ボランティア活動を推進する社会的気運醸成に関する調査研究報告書」（平成 16 年）

ざ関わるとして、自身の適切な関わり方が分からない、ということが、時間や情報の不足を差し置いて、ボランティアをしない理由の最上位に来るというのは、いささか意外かもしれない。

しかし、こうしたことはボランティアへの参加を働きかけていく上で重要なヒントになる。ボランティアを募集する側には、一度関わったボランティアには、いつまでも関わり続けてほしいという気持ちがある。ところが、「一度関わったらずっと関わってほしい」という期待の重さが、ボランティアに興味を持つ人に二の足を踏ませてしまいかねないこともある。むしろ、ボランティアとして関わる期限を明示したり、関わり方の範囲を明確に区切ったりすることは、ボランティアを潜在的に希望する人の最も強いニーズの一つに応えることにつながるのではないか。

サービスグラントでは、プロボノワーカーの関わり方は「週三～五時間」「約六ヵ月間」というように、参加する時間のおおよその目安を示している。そして、参加するプロボノワーカーは、それぞれ「アカウントディレクター」「プロジェクトマネジャー」「グラフィックデザイナー」など具体的な役割を担い、こうしたさまざまな役割に合致するスキルを持つメンバーが数人でチームを組んでプロジェクトに取り組む。

表4－2は、現在、米国のタップルートが募集しているプロボノワーカーの役割をまとめた一覧表だ。このように、プロボノワーカーの関わり方は、プロジェクトマネジメント、マーケティング、ITなど、六つの分野、二十種類以上に細分化されており、参加する側は、自分自身の仕事内容と合致する役割を選び取っていく。

特に専門スキルを必要とするプロボノプロジェクトの場合、ボランティアとして参加を募集する人がどのような関わり方をするのかについて、一見細かすぎると思えるほど厳密に細分化して募集をすることが、求める人材を集めるための最も効果的な方法なのだ。

なお、ボランティアの募集はホームページなどを通じて行うことができるが、そこでボランティアの応募者が登録した情報については、電話や電子メールによる確認が必要だ。また、説明会を開催して、参加者の認識を合わせることも効果的だ。サービスグラントでは、プロジェクトへの参加にあたっては事前の説明会への出席を必須条件としている。説明会の場において活動の趣旨や進め方などを共有し、ざっくばらんな質疑応答などを通じて、参加者の理解を深めることは、プロジェ

表4-2 タップルートが募集しているプロボノワーカーの役割一覧

分 野	名 称
プロジェクトマネジメント	アカウントディレクター
	プロジェクトマネジャー
マーケティング	マーケティングマネジャー
	ブランドストラテジスト
クリエイティブ	グラフィックデザイナー
	コピーライター
	フォトグラファー
	コンテンツマネジャー
人事	人事マネジャー
	人事戦略コンサルタント
	人材育成トレーナー
	人材育成補佐
	人材研修コンサルタント
	業務改善アナリスト
	組織内コミュニケーションマネジャー
	人事採用戦略コンサルタント
	人事採用補佐
IT	ウェブ開発者
	情報アーキテクト
経営戦略	戦略コンサルタント
	戦略コンサルタント補佐
	戦略アナリスト
	財務アナリスト
	財務コンサルタント

出典：Taproot Foundation の資料を元に筆者作成.

クトが立ち上がる基盤を整える上できわめて重要なプロセスである。

ステップ3：NPOの意識を高める

高い志と意欲をもったプロボノワーカーをいくら集めたからといって、それを提供する先のNPOが、プロボノの価値を理解すると同時に、プロジェクトに対して協力的な姿勢を取らなければ、プロボノの成功確率は大きく下がるだろう。NPOが、プロボノとして関わるボランティアを「タダでスキルを提供してくれる人たち」という程度にしか捉えていないとしたら、その時点でプロジェクトは失敗のリスクをはらんでいる。そうではなく、彼らを「資金調達をはじめとする組織の重要な基盤構築を担う人たち」と正当に理解するようになってこそ、お互いにとって意味のある関係が生まれる地盤が形成されるのだ。

そのためには、プロボノを受け入れる側のＮＰＯも、高い意識を持っていなければならない。組織の課題を十分認識しているか、成果を高めようと思っているか、そして、変化を受け入れられるか。残念ながら、ＮＰＯによっては外部の意見を嫌い、変化に後ろ向きな団体も存在する。そうした組織ではなく、自らを変革し、社会的な成果を高めていこうとする意識があるＮＰＯでなければ、プロボノを提供してもあまり大きな効果は期待できない。応援する先のＮＰＯについても、プロボノによる支援が効果的かどうかを見極める選定のプロセスが不可欠だ。

ＮＰＯの選定に関しては、プロジェクトの方向性によってさまざまな審査基準が設定できる。組織形態、活動実績、予算規模、職員数などの形式的な観点はもちろん、組織が抱える課題に対する認識や、今後の事業計画などから、これからの発展可能性の高い団体を選ぶべきだろう。

表4－3は筆者が運営するサービスグラントが設定するＮＰＯの採択基準だが、何においても最重要といえる観点が、プロボノによって提供した成果物をどのように活用するかの意図が明確であることである。サービスグラントに申請してくるＮＰＯの中には、その組織の内部的な理由で支援を求めてくるケースも少なくない。例えば、その組織が近いうちに創立二〇周年を迎えるので、そ

表4-3 サービスグラントの採択基準(日本)

組織に関する基準	○特定非営利活動法人をはじめとする非営利目的の法人または任意団体であり,明文化された団体の運営規約を有すること (※株式会社,有限会社,合同会社,有限責任事業組合等および宗教法人は支援対象外) ○すでに何らかの活動実績があること ○少なくとも1名の専従スタッフがいること (※専従=週4日以上勤務.給与形態・雇用形態については不問) ○平日夜,または,土日のミーティングに対応可能であること ○サービスグラントのプロジェクトに対して,組織として受け入れ体制を確保し,窓口となる担当者を設置し,円滑な対応ができること ○東京または大阪およびその周辺(東京または大阪の中心部から普通電車を使って片道1時間圏内)を,主たる活動現場としていること (※国内に事務所があっても,海外現地の援助活動を主たる活動としている団体は支援対象外)
事業の内容・手法に関する基準	○事業の実施において,独自性の高い手法を用いたり,試行錯誤を通じたさまざまな工夫を取り入れながら,成果を高めようと模索していること ○現時点において,または,将来的な目標として,自立的・継続的な活動運営に向け,会費・寄付金・事業収入等による経済基盤の強化を目指していること ○サービスグラントによって応援する事業の位置づけが,中長期にわたって,当該団体の事業活動全般の中において重要度が高いこと
期待する成果に関する基準	○サービスグラントによって制作された成果物をどのように活用し,どのような成果を上げていきたいか,意図が明確であること ○サービスグラントの成果物によって,従来以上に,十分に多数の人・グループへとメッセージを発信し,より多くの受益者に対して活動を拡大することが期待できること

の記念にホームページをリニューアルしたい、ということがあるが、それは組織内部の事情だ。また、NPOが活動を通じて目指そうとしている成果目標があいまいなまま、「とにかく会員を増やして経済基盤を確立したい」と望む団体もあるが、それでは成果の見通しが見えてこない。「広報がしたい」「一般市民の関心を高めたい」という団体もある。だが、広報をすることによってどのような成果を高めようとしているのかという質問に対して、明確な答えを持ち合わせていない、ということもある。

第2章でもふれたが、NPOの成果は、人の変化へとつながっていくものである。プロボノが効果を発揮するのも、何らかの状況下にある人の変化につながる活動を行っているNPOを応援することで、変化をもたらすことができる人を増やすことであり、そのことがNPOの成果を高めることにつながっていくと考えられる。(5)

このように、高い意識を持ったNPOを選定したうえで、NPOに対してもボランティアと同様に、プロボノによって支援する範囲を明確にし、進め方をきちんと共有しておくことが効果的だ。

目標とする成果物を明確にしないことは、後々のプロジェクト進行の中でさまざまな課題や不満を噴出させるリスク要因である。そこで、プロジェクトが始まる前の段階で、プロボノによってどこまでの範囲までNPOを支援することができるのか、逆に、どの範囲を超えたものについては今回の支援の対象外なのかを明確にし、できれば文書で共有しておくことが、最も確実なリスク回避の方法になる。

NPOとの間で行う事前の打ち合わせの中では、NPOが抱える課題を洗い出すと同時に、どのような支援策が最もNPOの基盤強化にとって有効かを検討する。同時に、そこで導き出した成果目標に対して、プロボノによる支援が果たして効果的に機能するかどうかも併せて検討する。メンバー一人あたり、一週間に使える時間は数時間程度という時間的な制約や、実際に募集することが可能なプロフェッショナルスキルの内容なども考慮に入れながら、現実的な視点からプロジェクトが構築できるかを検討する。実現性が危ぶまれるような過度なコミットメントは禁物だし、かといって、NPOがそれほど重要性を感じないような軽微で周辺的な部分をサポートしてもあまり感謝されない。NPOのニーズと、プロボノのリソース。この両者の合致する点でプロボノのプロジェクトは成立する。こうした検討や調整の過程を踏まえて、NPOの現状と課題、成果物の目標、実施体制、実施プロセスなどを整理した文書を取り交わすことで、足場が整い、いざプロジェクトを立ち上げることができる。

ステップ4：着実な進行管理を行う

プロジェクトが始まってから成果を生み出すまでの時間は決して短いものではない。

プロボノとして関わるボランティアがNPOのことについてよく理解し、何らかの提案へと結実させるためには、十分な情報と、それを得るための時間が必要であり、提案を受け止めたNPOがその内容を承認し、必要な対応を行っていくためにも時間が必要である。

サービスグラントには、プロジェクトの開始から成果を提供完了するまでのプロセスを詳細に書き記した「ブループリント（進行ガイド）」という書類が存在する。この進行ガイドには、プロジェクトの開始から終了までの期間のうち、どのような打ち合わせを、どのようなタイミングで何回開き、それぞれの打ち合わせの出席者や準備すべき資料、そして、話し合われるべき内容等が盛り込まれている。打ち合わせの最初の五分間に何をやり、次の十五分間にどのようなことを話し合うか、といった細部まで明記されている。

筆者も、米国のタップルートを初めて訪問したとき、ここまで詳細に規定されたプログラムが存在することに驚かされた。だが、このようなプロジェクトの進め方の基盤があることで、参加メンバーはその通りに進めるもよし、あるいは、一部のプロセスは自分たちなりにアレンジするもよし、いずれにせよ、それぞれにあった進め方を考えやすくなる。「これはどんな一流企業にも引けを取らない、ありとあらゆるノウハウの結集だ」とタップルートのスタッフが、この進行ガイドについて誇らしげに語っていたのを思い出す。まさにその通りで、そこには数々の課題や教訓などが反映され、プロジェクトが失敗するリスクを回避するためのきわめて普遍的で合理的と思われる進め方が書き込まれている。このようなプログラムの存在が、プロジェクトが迷走したり、暗礁に乗り上げるといったプロボノのリスクを防ぐことに大きな役割を果たしている。

進行ガイドの存在とともに重要なものが日常的な進行管理である。

NPOとプロジェクトチームの間に立つ事務局は、日常的に、プロジェクトの進行状況をモニタリングし、プロジェクトが当初設定した手順や範囲を外れていないか、一部のメンバーに負荷がかかり過ぎていないか、メンバーの中に音信不通になっているような人がいないかなど、状況把握を継続的に行う。そして、リスクの芽を早めに摘み取り、あとでプロジェクトが取り返しのつかない事態になることを防ぐ役目を担う。

実際、半年間という期間にわたるプロジェクトでは、メンバーの都合が急に悪くなり参加の継続ができないという事態が発生する。それは業務上の都合や、家庭の事情などさまざまだが、そうした事態の発生は予め想定しておかなければならない。そうした事態が起こったときには、事務局は他のメンバーに参加を打診するか、現状のメンバーで引き続きプロジェクトを継続してもらうか、何らかの対応策を提示することが求められる。こうした実務は決して容易ではなく、精神的負担がかかる要素もある。

稀なケースではあるが、実際に起こることとしては、前述の通り、一部のメンバーが〝暴走〟してしまうケースや、チームメンバーの中で人間関係が悪化するケースなどだ。こうした場面でも、事務局が何らかの仲介を行い、問題解決の方向性を探ることになる。

非常事態の発生は、事務局の負担もさることながら、プロボノの主役であるボランティアのチームメンバー全員にとってさまざまな負担を与えるものとなり、チームそのものが崩壊してしまう危機を招きかねない。

ただ一つ言えることは、こうした非常事態が起きる前の時点で、プロジェクトに対する不満や不信感が蓄積していないこと、むしろ、事前の状況では、他のメンバーはプロジェクトを楽しんでいる状態であることが、非常事態を跳ね返す力をもたらしてくれる、ということだ。それまでの過程で不満や期待外れが蓄積しているプロジェクトは、決定的な非常事態が発生するともろくも崩れ去ってしまうが、そうでないプロジェクトは、一回程度の非常事態は跳ね返す力を持っている可能性がある。このことは、だから一回ぐらいは非常事態が起こっても大丈夫ということではなく、日頃から不満や不信感につながることを早めに解消し、常にＮＰＯおよびボランティア双方が、プロジェクトの進行に対して期待と満足を高い水準で維持しながら参加できていることが大事だということである。

ステップ５：プロボノの価値を正当に評価する

企業社会で活躍するビジネスパーソンにとっては、一日の単価が数十万円もするようなコンサルタントがいることも知っているし、企業が健全に運営をしていくためには人件費の何倍もの売上を上げなければ回っていかないことも知っている。きちんとしたホームページをつくれば数百万円の請求書が届くことも知っているし、またそのためにどれだけの工数がかかっているかということも理解できるだろう。こう考えると、プロボノは、一般的な市場価格で考えれば、相当の金額に値するサービスをＮＰＯに対して提供している、ということになろう。

ところが、NPOや行政など、企業社会とは別の商慣行の中で活動している人たちにはこうした金銭感覚が共有できないことも少なくない。ホームページも、友人に頼めば数万円でやってくれると思っており、デザイン料やコンサルティング料という概念がそもそもあまり理解できない人もいるかもしれない。仮に理解できるとしても、その単価が一日に数万円、ないしは、十万円の桁になることに対して到底受け入れられないと感じる人もいるだろう。

さて、米国では行われていながら、筆者が本書の執筆時点においては日本で実行できていないことの一つが、プロボノの価値を金銭換算し、その数値を公開することである。米国のタップルートでは、ウェブサイトは五万ドル、経営戦略の策定は七万ドルなど、それぞれのプロボノのサービスの価値をドル換算して公開している。NPOに対しても、その数字を伝え、プロボノによる支援が、仮に有償でそのサービスを受けたとしたらきわめて高価なものになりうることを伝えているのだ。

日本で同様のことがまだできない理由は、NPO側、プロボノワーカー側、それぞれの、NPOやボランティア・社会貢献活動といったものに対する視線を意識してのことである。

もちろん、NPOには、プロボノの価値を高く評価し理解してほしい。金額を提示すれば、プロボノによる支援が非常に価値の高いものであることを端的に伝えられるのかもしれない。だが、企業の金銭感覚とは違う価値観の中で活動するNPOにとって、企業流の高額な金銭価値を提示することが、果たしてNPOとプロボノワーカーとのパートナーシップを築くために有効な手立てなのかどうかということについて、いまのところ、良い答えを持ち合わせていない。

表 4-4　プロボノワーカー 1 時間あたりの提供価値の目安（単位：ドル）

分野	一般	中堅	上級
マーケティング，広告，PR	80	100	150
会計，経理	90	135	200
建築，エンジニアリング	75	100	145
戦略コンサルティング，組織コンサルティング，人事，IT	100	150	225
上記サービスの平均	85	120	180
法律，医療	200	250	320

出典：Taproot Foundation の資料を元に筆者作成.

表 4-5　米国におけるサービスグラントの金銭換算値

分野	提供する支援の内容	金銭換算値（単位：ドル）
人事	人材マネジメント戦略の構築	55,000
	生産性向上のための戦略提案	55,000
	人事戦略の構築	55,000
	理事の獲得	55,000
経営	経営戦略基礎資料	70,000
	成果の評価指標	70,000
	競合・パートナー分析	70,000
	財務分析	70,000
マーケティング	キーメッセージ&ブランド戦略	55,000
	ビジュアルアイデンティティ&ブランド戦略	55,000
	ネーミング&ビジュアルアイデンティティ	55,000
	パンフレット	45,000
	年次報告書	45,000
	ウェブサイト	50,000

出典：Taproot Foundation の資料を元に筆者作成.

プロボノワーカーの側にしても、無償のボランティアであるにもかかわらず、その成果物について金額換算値を明記することは、ビジネスとボランティアとの区別についての不思議な感覚を起こさせるのかもしれない。無償だから割り切って参加できる、というボランティアの感覚を、ここは大切にしたいような気もする。

米国のように、ありとあらゆるものが数値化され、金銭換算され、人びとのお金に対する姿勢も日本とはいろいろな面で違う部分がある社会と日本とでは、こうした微妙な調整も必要かもしれない。

そうしたことを踏まえても、プロボノの評価は、何を提供できたか、ではなく、NPOに対して、そして、プロボノワーカーに対して、どのような変化を起こすことができたか、が重要である。

確かに、プロボノの価値は、むしろ、プロボノワーカーがいなくなった後になってからが勝負だ。なぜなら、プロボノの本題は、プロフェッショナルスキルを持った人をNPOに紹介することではなく、プロフェッショナルスキルを活かしてNPOの活動基盤となる何かを構築し、提供することだからである。基盤というからには、一度作ったらしばらくは崩れることなく、活動の土台にならなければならない。そして、その基盤があることによって、NPOが新しい機会を広げていけるようになることが理想である。

その意味で、プロボノに対する評価を、プロジェクトが完了してから半年ないし一年程度経過した後にも実施したほうがよいだろう。プロジェクト完了後しばらく経過した時点で、プロボノの真価が見えてくる。あのとき、プロボノによって受けた支援がもとで、何が起こったか。そのとき聞こえてくる感謝の言葉が、例えば「活動を応援する会員が五割も増えました」、「活動の中心を担うスタッフが以前の三倍に増えました」、「他地域に広がって、今では全国十ヵ所で似たような取り組みが始まったんです」、「企業との連携が実現し、資金調達も好転してきました」といった内容であれば、そのプロジェクトは、本当の意味で、大きな成功をおさめたと言うことができるだろう。金銭換算すれば、かなりの高額になると言われるプロボノの仕事が、本当に意味を持つのは、プロボノによって提供した支援が、本当にＮＰＯのために役立ったという裏付けがあってこそである。

さらに、副産物として、プロボノワーカー自身に対する価値を評価することもできる。プロジェクトへの参加を通じて、プロボノワーカーが、自身の仕事に、生活に、どのような効果や影響を受けたのか。スキルアップや自己啓発など、本人の成長につながるようなヒントを得ることができたのかどうか。こうした、人材開発の側面からの評価も可能だろう。

このように、プロボノの価値を評価するためには、提供されたサービスの市場価値と、そのサービスを受けたことによってＮＰＯに起きた成長や変化の状況把握、さらに、そこに関わるプロボノワーカーの成長など、複数の視点を組み合わせた評価が必要だ。こうした、多角的な評価があって初めて、プロボノの価値を正当に評価することができると言えよう。

5　機能する事務局と運営モデル

サービスグラントを運営する筆者が、もっとも頻繁に受ける質問の一つが、一体どのようにして事務局運営を維持しているのか、というものである。確かに、プロボノのプロジェクトにはまるでお金のにおいがしない。ＮＰＯに対して無償でプロフェッショナルサービスを提供する、そして、そこに集まるメンバーもみなボランティアである。つまり、サービスを提供する側も、ＮＰＯの側も、お金が介在しないモデルなのである。

しかし、これまで述べてきたようなプロボノプロジェクトを成功させるための事務局機能を維持するためには、相当の労力と時間が必要であり、そのためにはそうした労力をカバーできるための資金も必要である。現在、米国のタップルートには全米五都市で五〇人余の有給の専従職員が働き、年間の予算規模は四五〇〇万ドル（約四億円）に達する。このようなことは一体どのようにして可能になるのだろうか。

タップルートの収入源の大半を構成するスポンサーは財団や企業だ。タップルートには、現在一〇〇を超えるスポンサーがある。米国には一〇万件を超える慈善のための財団があるといわれており、各財団は、財産の運用益や、遺贈を含む寄付金などを、社会的公益的な事業のために再配分する機能を担っている。これだけの慈善財団がひしめき合う米国では、財団どうしが〝競争〟する関係にある。慈善財団は、自らの支援先がより高い成果を上げることを対外的にアピールすることで、より多くの寄付を集め、影響力を高めていくことができる。そのためには、資金援助をする上でも、より効果の高い寄付や助成が可能な対象が求められるというわけだ。

前節でみたとおり、プロボノは、市場価格に照らし合わせて金銭換算すれば、非常に高価なサービスをＮＰＯに対して提供するものである。また、一般的なボランティア以上に、ＮＰＯの基盤構築に寄与し、その効果も持続的で、成功したときの波及効果は大きい。寄付金や助成金のより良い投資先を探している慈善財団からすると、タップルートは、投資した助成金の効果を高めてくれる、魅力的なパートナーとして映るというわけだ。

タップルートでは、その投資対効果を約八倍とうたっている。分かりやすい数字で説明すれば、タップルートに一万ドルの資金支援をすることで、八万ドルの効果を社会に生み出すことができる、ということである。タップルートへの資金支援のすべては、事務局の運営費に投下されていく。プロジェクトを企画し、ボランティアをスクリーニングし、ＮＰＯを審査し、プロジェクトを管理運営し、成果物を納品する、といった一連のプロセスを運営するために五〇人のスタッフを確保し、高い成功確率のなかでプロボノのプロジェクトを運営する。ＮＰＯが成熟し、寄付や助成金が大きな市場を形成する米国では、こうしたバランスの中で、事務局運営が成立している。

それでは、日本はどうか。

ＮＰＯの数も慈善財団も少ない日本においては、環境は異なってくる。

筆者の場合、最初から助成金が得られるといった幸運に恵まれるはずもなかったので、立ち上げ当初から数年間は、事務局も無償のボランティアとしてとにかく頑張るしかなかった。その後、実績が生まれてきて、現在ではようやく、有給専従職員を雇用できるようファンドレイジングする、という方法が少しずつ現実的になってきた。

筆者が二〇〇五年に東京でサービスグラントを始めたとき、プロボノによるＮＰＯ支援活動そのものが、筆者を含めて未知数というべき状況だった。自分自身はそこに魅力と可能性を感じていたが、一般の多くの人は、そもそも、ＮＰＯとはどういうもので、どのような価値を持つものなのかということについて、ほとんど認識していなかった。そのような環境の中、しかも、実績がない中でファンドレイジングをしようというのはしょせん無理な話だ。そこで、まずは自身が試行錯誤し、実績をつくることを目指して、ある意味、勉強や投資のようなつもりで始めたという状況だった。サービスグラントの場合、プロジェクトが完了するまでに半年の期間を要する。しかも、開始当初は、同時に運営できるプロジェクトは三件程度に限られていた。時間がかかるわりに、成果の数はそれほど多くないわけで、社会的な評価を受けられるようになるまでには時間がかかった。

活動開始から五年目となる二〇〇九年度に初めて、日本財団から事業基盤整備のための助成金を得ることができた。この年にＮＰＯ法人化を果たし、国内初となる「プロボノフォーラム」には三〇〇人を超える来場者を東京原宿のラフォーレミュージアムに集め、プロボノに対する社会的な機運を醸成することにつながった。二〇一〇年春には初来日となるタップルートのスタッフを招聘しセミナーを開催することもできた。こうした流れを受けて、企業や行政と連携したプロボノプロジェクトなどが立ち上がり、現在、サービスグラントには三人の専従職員が雇用されるようになった。

このように、少しずつプロボノに対する認知と理解が高まってきたことで、日本においてもプロボノプロジェクトの事務局が職業として成立する地盤が少しずつ生まれてきた。もっとも、米国のように慈善財団がひしめき合うような市場環境ではないから、米国のような急速な発展のしかたは難しいだろう。また、限られたスタッフゆえに、組織内部における機能別の分業化・専門化は、タップルートのようにはいかない。とはいえ、プロボノプロジェクトの基盤となるものは、ボランティアとNPOとを「つなぐ」ことを専門とするプロフェッショナルの存在であり、このような事務局が持続可能な運営を実現できることは、プロボノがこれから先、社会の中で高い効果を発揮しながら根付いていくためには不可欠なことである。

6 「成功するプロボノ」の条件

プログラムの企画設計に始まり、効果的な人材を集め、クライアントとなるNPOと意識を共有し、着実な進行管理を行い、価値ある成果を生み出す。プロボノは、そこに参加する人がプロフェッショナルスキルを提供するというだけでなく、プロジェクトの進め方にもプロフェッショナリズムが求められる。

米国のタップルートでは、プロボノのプロジェクトが成功するために有効なメッセージとして「プロボノのクライアントを、ビジネスのクライアントと同様に扱おう」と呼びかけている。ボランティアの側に、相手がＮＰＯだから、そして、無償だから、という気持ちがあると、通常のビジネスの顧客に対しては決して行わないような態度を支援先となるＮＰＯに対してとってしまう可能性がある。同様にＮＰＯの側にも、相手は本気でないから、どうせタダだから、といった意識が働いてしまうと、そのプロジェクトに対して十分な労力を割くことが正当化できなくなってしまう。

成功するプロボノのためには、参加するボランティアと受け入れるＮＰＯの双方に対して、お互いがお互いにとってきわめて重要なパートナーであるという意識を共有することが不可欠であり、双方に対して期待する内容に齟齬がないことがきわめて重要である。こうした両者の調整を行うことが、プロボノを企画運営する者の役割である。

タップルートでは、こうした考え方のもと、成功するプロボノの条件として、次の五点を提示している。ここに、プロボノのエッセンスが集約されているといえよう。

一、プロジェクトがスケジュール通りに完了していること
二、提供した成果物が利用可能かつ持続可能であること
三、支援先とボランティア双方に、期待以上の成果が生まれていること

四、関わったすべての人が、それぞれの対応について満足していること
五、支援先が、自らの社会的インパクトが増したと感じていること

注

（1）The Urban Institute, "The Nonprofit Almanac 2008"（The Urban Institute Press）.
（2）内閣府「国民生活選好度調査」（二〇〇八年）。
（3）内閣府「社会生活基本調査」（二〇〇六年）。
（4）文部科学省「ボランティア活動を推進する社会的気運醸成に関する調査研究報告書」（二〇〇四年）。
（5）NPOにとっての「成果」については、第2章を参照。

第5章　「公共善のために」——プロボノの使命

これまで、プロボノの基本的理解に始まり、ＮＰＯおよびプロボノワーカーとして参加するビジネスパーソン双方にとってのニーズ、そして、プロボノのプロジェクトを成功させるために必要な考え方や方法論などについて見てきた。

最終章となる本章では、プロボノの可能性について考えてみたい。

Pro Bono Publico――ラテン語で「公共善のために」を意味するこの概念が、成果を発揮することができる対象は、きわめて広範囲にわたるはずだ。

筆者が運営するサービスグラントでは、ＮＰＯ法人を対象に、ウェブサイトやパンフレットなど、マーケティング分野における具体的な成果物の提供を中心に活動を進めてきた。今後は、支援する対象を変えたプロボノプロジェクトのあり方や、これまでと違う種類の成果物の提供などについても、その可能性を積極的に探っていきたいと考えている。むしろ、「公共善のために」という、じつに大きなテーマに向き合いながら、プロボノを通じてできることを考えることは、公共領域全般に存在する、さまざまな課題解決や状況改善のための手法を提供することになるのではないかと思う。

そこで、まずは現状の、公共領域の主たる担い手である行政システムと行政への市民参加の課題をとり上げてみよう。その上で、公共領域におけるパートナーシップのあり方を整理し、プロボノが公共領域で果たしうる役割を考えていきたい。

1　ニューパブリックマネジメント

一九八〇年代の中盤以後、特に九〇年代に入ってから広がり始めた行政経営改革のキーワードが「ニューパブリックマネジメント」（以下、「ＮＰＭ」と略）である。これは、行政実務に民間企業における経営の視点を持ち込み、行政が行う施策の業績や成果に対する評価を重視するという発想だ。限られた財源の中で、いかに効果的で市民のニーズにあった施策を展開していくか、という発想にもとづき、予算を配分し、その実施段階においても現場の創意工夫や、民間企業の活用などを積極的にとりいれながら、政策の効果を高めようとするものである。

ＮＰＭの考え方を構成する主な要素は、「成果主義」「民間活用」「顧客志向」という三つに集約されるだろう。ＮＰＭの考え方においては、事業を実施したことよりも、どのような成果を生み出すことができたかが問われ（成果主義）、そのために民間で育まれた知恵やノウハウ、人材等を活用し（民間活用）、また、ここでいう顧客とは市民のことだが、市民の視点に立った施策を展開すること（顧客志向）が重視される。これらは、一般市民や企業の感覚からすれば至極当然のことであり、行政においてもこのような考え方や価値観が浸透していくことは、むしろ大いに推進すべきと感じる人が大多数だろう。

どこまでをＮＰＭの一環としてとらえるかは議論が分かれるところだが、英国のサッチャー政権にその起源をたどる考え方が一般的で、日本においても、八〇年代に行われた国鉄や電電公社、専売公社の民営化も、大きい文脈ではＮＰＭとつながっているし、〇七年の郵政民営化もＮＰＭの流れに位置づけることができるだろう。昨今取りざたされる「新しい公共」という考え方もＮＰＭの理念が色濃く反映されている。政権によってアプローチや対象が異なるとはいえ、日本においてもＮＰＭの考え方は徐々に浸透し、次第に一般的といえるものになってきている。

しかしながら、本当に行政は変わっただろうか。

例えば、成果主義についてはどうか。成果主義とはいうものの、行政職員が最も躍起になるのは、やはりいまだに予算の獲得ではないだろうか。

筆者が中央官庁との間で仕事をしたときの経験からすると、官僚のなかには、秋頃になると翌年の予算獲得の動きに注力するようになり、現場への関与が薄れていく場合もあるようだった。本当に成果主義を実現させようとするなら、特に事業が本格化する秋以後の時期、成果のよしあしを決める現場のプロジェクトマネジメントにこそ、十分な人と時間を充当すべきところだろう。だが、年度後半は、そうも言っていられない状況のようだ。上席の官僚は、プロジェクトの実務の多くを部下に任せざるを得ないほど次年度の予算確保のための動きに忙しくなっていく。さらに、秋の臨時国会、冬の通常国会など国会対応の負荷も大きい。成果主義が唱えられても、成果主義を実現させるために最重要な人的リソースを適切に配置させるようなシステムが不足しているように思う。

一方、自治体の場合は、職員と現場との距離感がより近いということや、人事制度なども国家公務員の場合とは違うなど、背景事情は異なっているが、やはり自治体でも、年度後半になればなるほど、重要な役職にある人ほど、次年度予算の調整や議会対応などで現場実務に携わるボリュームが減ってしまわざるを得ないだろう。このように重要な時期に、人的リソースが逼迫する状況をどのように補うか。その方法論はもっと考えられてもよいのではないだろうか。

一つのヒントとしては、行政の多くが、年度当初の第一四半期はスピードが遅く、年度末になると急にあわただしくなるような、平準化されていない仕事のしかたをしていることにあると思う。同年の事業が完了するのも、翌年の予算が決まるのも年度末である、という現状の事業の流れを続けていれば、いくら成果主義を唱えたとしても、事業の成果に対する評価が次年度の予算に適切に反映される可能性は限定的であり続けるだろう。理想的には、事業の八割方が第三四半期まででほぼ完了しており、その時点における中間的なアセスメントを経て第四四半期に次年度の予算を最終確定させていく、という流れがベストではないだろうか。スピード感の悪い第一四半期を見直し、事業の仕様策定や委託先の選定などを早期に進め、事業の成果を早め早めに見極められるようなプロセスを取り入れてはどうだろう。

いずれにせよ、成果主義、ということが、事業に対する評価をすることだけに留まらず、本当の意味で機動的に次年度の予算に反映できるようにするために、検討すべきことはまだたくさんあるように思う。

民間活用については、ＰＦＩや指定管理者制度など、民間が一定のリスクを負うかわりにリターンを得ることができるような契約形態などが編み出されてきた。公共施設をＮＰＯが運営したり、刑務所を民間企業が運営する、といったモデルも生まれてきた。だが、たとえば、指定管理者制度によって、施設等の運営を「任されている」組織の七割以上は、行政の外郭団体であるということも一面の事実である。「民間にできることは民間に任せる」制度のはずが、まだ十分に民間の活力を活かしきれていない状況とも言える。

顧客志向といっても、自治体と市民との関係は、企業と顧客とまったく同じようにはいかない。自治体職員の隠語かもしれないが、市民の中には「特定市民」と言われる人物がいる。こうした人たちは、しばしば市役所に乗り込んで自治体職員の時間をとり、さまざまな要望を言ってくる。職員としては、市民を相手に逃げるわけにもいかず、じっと聞く側に回る。かといって、自治体職員が市民の声を聞こうと乗り出していくと、今度は市民から行政に対して「これをしてほしい」「予算を付けてほしい」「なぜ、やっていないのか」といった声が飛び出し、いつの間にか行政職員が防戦のみに回る、といった場面もよく見かける。市民が行政職員に要望を伝えられる風通しのよさは決して否定されるべきではないが、行政職員にも、一人ひとりに組織上の権限があり、また、一人ひとりに業務上の責任範囲とそれに充てられる時間は限られている。「顧客志向」を実現するためには、顧客にあたる市民が行政のしくみを理解することも不可欠だ。市民と行政との理想的なコミュニケーションの実現には、お互いの理解や、両者がさわやかな関係を築くことができるような工夫が必要だ。

このように言いつつも、筆者は、ニューパブリックマネジメントの考え方は、時代の当然の趨勢であり、むしろ行政が社会のニーズに対応し、機能する組織であり続けるためには、NPMの考え方を積極的かつ効果的にとりいれていくことに賛成という立場である。その上で、いま求められていることは、NPMの理念を現実化させるための効果的な方法論についての検討と実践を進めていくことではないだろうか。

2 「協働」の三類型

「成果主義」「民間活用」「顧客志向」といったニューパブリックマネジメント（NPM）の基本姿勢は、すなわち、市民と行政機関との関わり方を再構築していくことにつながる。NPMの議論は、行政庁内における業務プロセスに関する技術論だけにとどめることはできない。むしろ、NPMの真価は、市民との関わり方において発揮されるといっても過言ではないだろう。

NPMという考え方が広がってきた中でキーワードとなる言葉が「協働」あるいは「パートナーシップ」である。このキーワードの中に、市民と行政との新しい関わり方への思いが込められているとも言える。それまでの市民と行政との関わり方を示す言葉を並べていこうとすると、例えば「申請」「届出」「陳情」「認定」「認可」「許可」「広報」「広聴」といった単語がすぐに思い浮かぶ。

これらの言葉に共通することは、市民と行政との立場をまずは明確に分けたうえで、行政が市民を認める、あるいは、市民が行政にお願いをする、といった形で、上下ともとれる関係を想定した両者の関わり方である。これに対して、「協働」や「パートナーシップ」という言葉からは、お互いが対等な立場であるという前提の中で、市民と行政との関わり方を考えていこうとする姿勢が色濃く感じられる。こうした新しい言葉がごく一般的に使われるようになってきたというだけでも、公共をめぐる人びとの捉え方の変化を見てとることができるし、歓迎すべき方向である。

同時に、「協働」という言葉の守備範囲は、決して狭いものではない。むしろ、さまざまな意味内容を含みうる言葉だけに、「協働」という言葉の中でも、より細分化した整理が必要ではないだろうか。そこで、以下では「協働」というキーワードをめぐって、その性質を三つに類型化したうえで、それぞれの意味内容や具体的な市民と行政との関わり方のモデルについて順を追って見ていくことにしたい。

(一) アイデアによる協働

第一のタイプは、「アイデアによる協働」である。これは、広範な市民が発言できる場をつくり、そこで得られた市民の声を行政に反映していこうとする取り組みを指す。市民が日常的な生活の中で感じている行政に対するニーズを、行政職員だけが拾い上げることには限界があるかもしれない。そこで、多様な立場にある市民から直接ニーズを聞き取ることは、行政サービスの改善につなげる有力な方法であると考えられる。

この「アイデアによる協働」には、さまざまな手法が含まれる。政府の法案や省令、自治体の条例案や施策等を検討する際に市民が意見を提出することができる「パブリックコメント」や、行政の日ごろの事業運営や今後取り組むべき施策等について提案ができる「市民提案制度」、インターネット上に市民が集まる電子コミュニティをつくる「市民電子会議室」、市民が地域の土地利用等のあり方について提案ができる「まちづくり条例」、あるいは、幅広い市民を集め主要な政策テーマに関して意見を出し合い議論する場を開く「百人委員会」など、さまざまな手法が存在する。

どちらかというと「密室」で物事が決まっていくというイメージもある行政運営のプロセスの中に、一般の市民が参加できる間口を明確に設けることで、市民の声をより積極的にとり入れていこうとするこれらの取り組みは、もちろん、やらないよりはやったほうが良いことだろう。

ただ、こうした制度が形骸化しないようにするためには、市民の声を受け取る行政側にそれなりの理解力と、変化に対する前向きな姿勢とが求められる。つまり、どれだけ市民が発言をしても、最終的にそれらの声をとりまとめ、どのようなかたちで法案や施策に落とし込むかは、行政担当者側の手にかかっているという危うさも、常に存在するのだ。

例えば、パブリックコメントのような制度では、受け取った声はすべて集約して公開することになっている。だが、公開にあたっては、集まった意見は内容が簡単に要約されてしまう。市民が何千字のコメントを寄せても、最終的に要約として公開されるのは数十文字程度に集約されていくことだろう。また、寄せられたコメントの合計件数は公表されていても、それぞれのコメントについて同様の意見が何件寄せられたかといった詳細な内訳までは公開されていない。これではどの意見が多数を占めていたか、というようなことまでは十分には分からない。

このように、市民からの声を集めるところまではよいが、それを編集するという最も重要な権限は、行政側が握っている。こうした特徴は、「アイデアによる協働」に共通する課題である。市民は「提案」する立場である一方で、法案や施策の方向性をとりまとめたり実行に移したりするという実質的な権限については、行政がしっかりと確保しているのである。

（二）事業による協働

一九九八年、特定非営利活動促進法が施行され、ＮＰＯ法人という法人格が認められるようになり、市民活動団体が法人としての公的な立ち位置を得ることができるようになった。以来「協働」という言葉は、ＮＰＯが行政の事業上のパートナーとなる、という文脈で使われることも多くなった。

法人格をもつ事業主体としてＮＰＯの社会的立場が確保されたことにより、行政とＮＰＯとの間で事業に関する契約を締結することも可能になった。行政にかわって、ＮＰＯが行政事業の実働部隊として立ち上がることは、行政事業の効率的な運営につながる可能性が高く、その結果として、市民への効果も高まると期待することができる。行政にとっても、専門的な知識と地域に対する理解を兼ね備えた市民活動団体が、実務の担い手として頭角を現すことは、行政事業を進めていく上でもプラスになるだろう。

その上で、行政とＮＰＯとの協働のモデルには細かくいくつかのパターンがある。最も一般的な形態は業務委託であり、行政が行う業務を民間が代理で行う、という意味合いの契約形態だ。ＮＰＯが業務委託を受ける事例は数多く存在するが、例えば、市民活動等に関する意識調査、セミナー・講習会などのイベント運営、地域の子育て支援活動の事務局運営などさまざまである。業務委託の場合、ＮＰＯ側は、契約上定められた仕様にしたがって業務を遂行することが当然に求められる。業務委託が、ＮＰＯにとって有利な契約形態なのか、それとも不利なものかどうかは、一概に言える話ではない。ただ、少なくとも、理屈の上では、仕様に定められた内容を実行することがなければ契約を履行したと言えず、支払いも発生しない、という契約形態であるから、開始当初の契約の重みはそれなりのものであり、発注側・受注側双方に十分な注意が必要だ。

委託と対比される契約形態と考えられるのが「指定管理者制度」だ。これは、図書館、公園、公民館、研修会場などの公共施設の運営に際して、ＮＰＯを含む民間団体に当該施設の管理者としての権限を付与し、施設の使用許可や施設の運用に関する企画、来場者への課金や収益事業の実施などを、規定された範囲内で、管理者となる団体が実施できるという契約形態である。業務委託よりも自由度が高く、その分、管理者となる民間団体側に事業上のリスクや責任がより多く発生する枠組みとして、効率的な行政運営を実現するための手法として広がりを見せている。民間のノウハウを公共施設等の運営に生かし、行政が定める一定の条件をクリアしていれば、あとはその管理権限を民間に任せることで、その施設が挙げる成果を高めていこうとするねらいは、「委託」という従来型の契約形態に比べて大いに可能性がある。

しかしながら、課題はその実施状況だ。現在、日本全国で指定管理制度を導入している施設は七万件以上に上るにもかかわらず、そのうち七割以上は、行政が関連する外郭団体が指定管理者として指定されているのが実情だ[1]。行政のスリム化や民間開放という理念の実現までには、まだ道が遠いようだ。そして、この制度のもう一つの課題は、指定管理者となる民間事業者に対して提示する公共施設等の管理運営にあたっての条件そのものは、行政が設定するものであり、その条件次第では、民間の力を発揮できる範囲が限定的とならざるを得ないところである。民間の意欲を引き出し、市民に対する成果を高めるような契約方法については、数々の実践を踏まえた継続的な議論が不可欠であろう[2]。

もう一つのパターンは、介護保険制度などの制度を活用する事業者の中にＮＰＯが参入するという形である。二〇〇〇年に導入された介護保険制度では、要介護・要支援の高齢者が、民間事業者が提供する介護サービスの中から、自身に適した介護サービスを選択できる。この介護サービスを提供する民間事業者の中にＮＰＯ法人が加わる動きが相次いだ。地域の住民によって運営される団体がＮＰＯ法人として介護サービスを提供することは、民間企業とは違った視点や地域に根差したきめの細かさをとり入れたサービスを提供することが期待され、実際、各地でそのような福祉サービスを提供するNPO法人が活動を行っている。このように、行政の制度上のプレイヤーとしてNPOが名乗りを上げることで、行政の制度がより機能するという関係を築くことが期待されている。と同時に、こうした介護保険制度などのように、行政の制度に準じた事業を展開することは安定した事業基盤を提供してくれる可能性も高いが、行政の制度そのものに見直しや再編が発生したときには大きな影響を受ける。行政制度の動向には常に十分な注意が必要だ。

行政とNPOの協働という中で、NPOへの業務委託や指定管理など、事業を通じた協働の実績が各地で生まれてきたが、こうした流れはNPOの「行政の下請け化」を招いているという指摘もある。(3) 確かに、予算規模の大きいNPOの多くが、その収入の重要な部分を行政からの委託事業収入や補助金収入等によって賄っているケースは多い。このことはNPOの安定した事業基盤を形成するともいえるが、裏を返せば、NPO単体で収益を得られるような事業が育っていないことをも意味する。過度な行政依存はNPOの持続可能な運営には諸刃の剣かもしれない。

このように、行政事業を民間団体、特にNPOとともに連携するケースが増えてきたのはここ十年弱の大きな成果だが、同時にその課題も浮き彫りになっている。

(三) 成果による協働

第一の類型「アイデアによる協働」は、市民が行政に対して何らかの提言を行い、行政はそれらの提言の内容を事業に反映させるというモデルであり、第二の類型「事業による協働」は、行政が実施する事業の運営や管理に民間を活用するというモデルであった。この二者に共通することは、事業をどのように実施することが妥当か、事業にどのような予算を付けるべきか、といった重要な意思決定のプロセスは、行政側に帰属しているという点である。

こうした協働とはやや趣を異にするスタイルが現れている。その代表例が「事業仕分け」といわれる手法である。

事業仕分けとは、行政が進める「個々の事業ごとに、現場の声や実情に基づいて事業の必要性や本来あるべき姿を再考する」ためのしくみである(4)。行政が取り組む事業そのものの存在意義や妥当性を問う点で、従来の市民と行政の協働の中でもより踏み込んだ手法であるといえよう。事業仕分けは、その事業がそもそも必要か、という問いから出発し、次に、誰がやるべきか、そして、事業の中身や進め方はどうか、という順序で議論を進めていく。中でも、問いの出発点として「そもそも必要か」というところからの議論を喚起した点が、事業仕分けの新鮮なところだ。

そして、この場合の議論の基準となるものが、成果である。行政が目指すべき成果が生まれているかどうか、という観点から、事業が必要かどうかを仕分けする。ここでは、事業を実施することが〝ありき〟ではなく、成果の有無によって事業の妥当性そのものが判断される。

事業仕分けの課題としては、仕分けを行う対象事業としてどの事業を選定するか、ということや、

〝仕分け人〟と呼ばれるメンバーの人選などに、事業仕分けを実施する主催者や事務局の恣意が入る可能性があること、また、判定結果をどのように施策に反映するかの判断は最終的には議会または行政に委ねられており拘束力が弱いことなどが挙げられる。

特に、二〇〇九年から民主党政権が始めた国の事業仕分けにおいては、事業がバサバサと切り落とされていき、「廃止」や「削減」という判定結果が並ぶ映像が、強いインパクトを持って日本国中に放送された。だが、「廃止」と判定されたものが、その後「復活」したというケースも多い。見直しや予算縮小という形であれ継続することになった事業が、果たしてその先本当にうまくいったのかどうかなどもよく見えてこない。事業を廃止して、予算を縮減することを伝えるショーとして、事業仕分けは効果的かもしれないが、その判定の妥当性や、事業仕分けの後に残された事業の先行きなどには課題も多い。

一方で、自治体における事業仕分けは、各地で一定水準以上の高い評価を得ているようだ。自治体職員自身も感じていた事業の重複や、肥大化した部分などを、外部の視点で切り込み、個々の事業を廃止や縮小するというだけでなく、複数の事業を統合して次年度以後継続するといった踏み込んだ判定が行われるようなことを通じて、行政事業の〝整理整頓〟につながっている。

このように、事業仕分けは、行政の事業に「成果」という視点を持ち込み、事業の妥当性そのものに切り込んだ功績は大きく、今後の公共領域のあり方を考える上で、貴重な一歩を踏み出すものであることに違いはない。ニューパブリックマネジメントの理念を実現するためには、個別事業の成果をしっかりと問い、成果の高い事業を残しそうでない事業は改廃していく、というスタンスなり、さらには、事業という枠組みを超えて、自治体や国全体で、公共領域における施策のあり方を見つめ直すようなしくみが必要である。

3　公共領域における可能性

これからの公共領域において求められるものとは、市民にとっての「成果」という視点にもとづき、行政事業のあり方に対して修正や改善が加えられるようなしなやかな行政システムであり、協働のしくみである。

その中でも、協働のしくみには大きく三つの類型があるという整理を前節で試みたが、これまでにも実例が見られる「アイデアによる協働」や「事業による協働」に加え、今後は「成果による協働」という視点をとりいれることが重要である。行政事業の成果を高めることに主眼を置き、そして、ときには行政事業の妥当性そのものにも切り込んでいけるようなしくみが開発されてこそ、本質的な市民と行政との協働につながるだろう。

こうした中で、「プロボノ」はどのような位置づけにあり、どこまでを射程にできるだろうか。

まず、プロボノは、公共的な課題をテーマに、具体的な成果を提供することができるという点で、行政に対して提言や意見を発信する「アイデアによる協働」よりも、より一歩踏み込んだ参加の形態であるということが言える。アイデアによる協働の場合、市民が提言や意見を発信したあとを引き受けて、事業を実行していくのは行政側である。これに対して、プロボノの場合、市民がそのプロフェッショナルスキルを提供することにより、行政事業そのものの重要な部分においても市民が実務上の役割を担っていく可能性がある。

次に、プロボノは、そこに参加するプロボノワーカーがボランティアとして参加しているという点で、「事業による協働」とも異なる市民と行政との関係が築かれるものである。そこには、業務委託や指定管理制度のような強制力の働く契約の枠組みを適用することはできない。

プロボノを考える上で価値の基準となるものは、やはり「成果」である。行政に対してプロボノサービスを提供することは、一見、行政機関を支援するように見える。だが、本来的には、ニーズを抱える市民にとっての成果を高めるためのボランティア活動として理解されるべきものである。

安定した給与を受け取っている行政職員を前に、それほど成果が期待できない事業について、市民がボランティアとして参加するということは、原理的に起こり得ない。特に、ビジネス的な思考法を持つプロボノワーカーにとって、その選択眼はシビアなものとなるだろう。そうではなく、現状配置されている行政職員の陣容でできる限りの取り組みに積極的にチャレンジし、それでもなお、対象とする事業の課題が複雑で大きい、あるいは、その事業を通じて地域や社会により大きなインパクトをもたらす成果の予感があるにもかかわらず、さまざまなリソースやノウハウが不足している、というような場合に、プロボノの原理が駆動する。

市民も行政も、高い成果が期待できるにもかかわらず、現状の事業が十分に成果を発揮できていないという場合において、プロボノは、より機能するだろう。逆にいえば、行政体としての努力が見られない事業や、これまでの実績が極端に乏しい事業については、プロボノは機能しないだろう。また、受け入れる側が変革を望んでいなかったり、外部の協力者に対応する意識を持っていない場合は、プロボノは成立しないだろう。

プロボノとして参加する市民と、プロボノを受け入れる行政の双方が、「成果」というものに対して目標や思いを共有し、ともに成果を高めていくことにコミットするからこそ、プロボノは成立する。その意味でも、プロボノは「成果による協働」を実現するしくみとして位置づけるのが適切だろう。

その上で、プロボノが市民と行政との協働の手法として期待できる二つの視点を提示したい。第一に、プロボノは「行政事業の成果を高める」ことに、そして第二に、「行政事業の妥当性を検証する」ことに寄与できる可能性がある。順を追って見ていこう。

(一)　行政事業の成果を高める

行政事業は、機会損失の宝庫である。

それは、地域等による程度の差はあっても、基本的に、職員と予算という資源を持ち合わせ、行政という、地域にひとつしかない公共的で中立的な立場に立ち、地域の人たちからの信頼や協力を得ることができる主体であるにもかかわらず、それらの活用可能な資源を活かしきれず、本来はもっと高い成果を上げられるはずの状況をみすみす逃している、という意味で、である。

行政の無駄を指摘することは、ある意味、たやすいことかもしれない。だが、行政が、はなから無駄と分かっている事業を自ら好んで取り組むことは基本的にはないはずだ。行政は、市民のお金をドブに捨てるような〝邪悪な〟存在などではないのだ。

ただ、行政に足りないものについて検討し、改善する方途を探ることは大切だ。それは、持てる資源の効果的な〝活かし方〟であり、そのためのノウハウであり、具体的なプロセスではないだろうか。

逼迫する財政の中で、限られた資源を有効活用し、同時に市民に対する成果を高めていくために、プロボノはどのように活用できるだろうか。以下では、まだ可能性の段階だが、プロボノが機能すると思われる分野や内容を提示したい。

まず、本書でも紹介してきたように、ホームページや印刷物の改善に関しては、対象はＮＰＯに留まらず自治体のそれであっても、プロボノの力が十分に発揮できるだろう。日本全国には約一六〇〇の自治体があるから、単純計算すれば、ホームページと広報誌の改善だけで三二〇〇件ものプロボノプロジェクトの潜在的な機会がある。よりアクセスしてもらえるホームページにするには、よりしっかりと読まれる広報誌にするには、どのようにすればよいか。市民のニーズは大きいはずだ。

自治体によっては、公式ホームページのほかに、事業単位で特別にホームページを開いている場合もある。このような特設ホームページは、観光や産業振興、環境への取り組み、市民の交流など、自治体が特に力を入れている分野である可能性が高い。だが、そのホームページの力が弱いために、市民の認知や理解、さらには参加といったリアクションに、思うようにつながっていないということもあるだろう。ホームページに限らず、施策を紹介するパンフレットや地域の顔となるような産業のブランディングなど、自治体が重点的に取り組んでいる事業に関して、その広報・コミュニケーションに対するサポートは、プロボノの本領を発揮できる部分である。

もちろん、プロボノの活躍の場は、広報・コミュニケーションに限られるものではない。

米国のタップルートの提供するプロボノのメニューの中には、「パフォーマンスマネジメント」というものがある。これは、業務の棚卸と業務プロセスの改善、そして、職員の適正配置などを行うコンサルティングである。こうしたプロセスを自治体に導入することで、業務効率の改善が図られる場面もあるのではないだろうか。

自治体本庁のサポートだけではない。例えば、小学校や公立病院、図書館などの公共施設に対するプロボノも、それらの組織や機関が抱える課題解決に寄与できる可能性が大いにある。米国では、地域の図書館の建設や運営を企業がプロボノで支援した事例や、なかには、連邦捜査局（ＦＢＩ）の捜査活動に企業がプロボノで協力したという事例などもある。(5) プロボノによる支援対象や支援の内容は実に幅広いのだ。図書館の運営や小学校のボランティア活動、あるいは公立病院の運営など、多数の市民が利用する公共施設には、さまざまな市民がニーズや要望を持っている可能性が高い。また、公共施設の中には、立派な施設であるにもかかわらず、市民の利用率が低く、十分な成果を残せていないものもあるだろう。こうした公共施設の利活用をテーマに、市民を対象にマーケティング調査を行ったり、運営の改善提案や改善に向けたプロセスのマネジメントなどにも、プロボノは力を発揮する可能性があるだろう。

さらに、公共施設よりも枠を広げて、地域づくりの重要な役割を担う主体、すなわち、地域で活躍するＮＰＯの基盤整備、地場産業の振興や地域の商店街のファンづくり、観光協会の経営戦略の策定など、地域社会・コミュニティづくりの幅広い分野で、プロボノが活躍する潜在的な可能性があるように思われる。

（二）行政事業の妥当性を検証する

行政事業そのものの妥当性にプロボノが切り込むことは果たして可能か。

行政が策定する「戦略」や「計画」について、第三者の中立的な視点とプロフェッショナルな方法論を用い、その妥当性を検証するというマーケティング調査にプロボノが関わることで、そのことは可能になるかもしれない。

一般的に、行政が策定する「戦略」や「計画」は、しばしば〝総花的〟で〝玉虫色〟であると揶揄されることが多い。一つひとつの言葉の響きは美しいが、具体的に意図していることが見えづらく、誰もが反対できないような内容で、キレイにまとまりすぎている。

実際には、こうした〝美しい〟言葉、総花的と言われる計画が拠り所となって、実際の事業計画が、成果に対するあいまいな目標設定のまま正当化されていくこともある。

プロボノの手法を活用してできることとしては、このような戦略や計画、個別の事業について、どのような市民を対象とするのか、どのような市民の協力が必要なのか、といったことを定義し、ターゲットを絞った形で市民へのヒアリングやアンケートなどを行い、行政が実施しようと考えている事業が市民のニーズに合致しているかどうかを検証すること。そして、必要に応じて、行政の戦略や計画に修正や改善を加えるといったことが考えられるのではないだろうか。

ここでは、時には感情的すぎるような声の大きい市民と行政とが喧々諤々議論をするような場面はあまり見られないはずだ。むしろ、プロボノワーカーたちは、日ごろあまり行政に対して声を発することがないような人も含め、事業が成果をもたらすべき重要なターゲットとなる市民の声を拾い集めてくることに多くの時間と労力を投入し、そこで得られた情報を持ちかえって、行政にありのままを報告する、というような冷静なやり取りが繰り広げられることだろう。

プロボノの文脈における「成果による協働」は、何も行政の担当者の立てた戦略や計画を叩き壊すというような荒々しいことではない。むしろ、行政が立てた戦略や計画を、より市民に対する成果が上がるようにブラッシュアップしていく、という前向きな作業に集約されるものである。プロボノワーカーが収集し分析する市民のニーズを、行政の事業の枠組みと照らし合わせ、その期待される成果を検証することで、より高い成果を生み出すための戦略や計画が生まれてくるだろう。こうすることで、限られた予算やその他の資源の浪費を、戦略策定や計画の段階で事前に抑制し、事業の成功確率を高めることに、プロボノの力は大いに寄与することができるのではないだろうか。

実際に、総合計画や地域経営戦略などに、市民参加をとり入れている自治体も現れている。その多くは、現時点においては、前述の「アイデアによる協働」に分類されるものかもしれないが、市民のニーズを行政の重要な計画づくりに反映していくというスタンスは大いに歓迎すべきである。

本書の提案は、そのような流れに加えてさらに、地域の課題や市民のニーズを、よりプロフェッショナルな手法で把握し行政の計画に反映させるということであり、その作業に市民のプロボノワーカーを活用してはどうか、ということである。自分の意見を声に出して発信することができる〝元気な市民〟の声だけでなく、行政事業を考えるうえで不可欠な、当事者となる市民のニーズを正確に把握したうえで、自治体が「計画」や「戦略」の策定を進めていくことは、将来の地域づくりにつながる貴重な種を播くことにつながるに違いない。

4　神奈川県との協働事業

行政におけるプロボノの活用はまだ始まったばかりだが、その端緒となる事例が、神奈川県が取り組んだ「かながわプロボノプロジェクト」だ。これは、神奈川県内の市民活動を支援する目的で運営される県の施設「かながわ県民活動サポートセンター」が、筆者の運営するサービスグラントと連携して取り組んだ、行政における初のプロボノの試みといえよう。初年度となる二〇一〇年度は、試験的に、県が支援する二団体のＮＰＯに対して、神奈川県内に在住・在勤のプロボノワーカーを募り、団体の営業資料やパンフレットを作成するプロジェクトを実施した。

行政においてプロボノの事業を実現するにあたっては、まず何よりも、神奈川県の事業の枠組みにどのようにプロボノを位置づけるか、ということを整理して臨むことが重要だった。行政として取り組む事業である以上、行政の政策として明確に位置づけられることが不可欠である。そこで着目したのが、神奈川県が二年間継続的にＮＰＯ支援を行う助成事業の存在だった。[6] この助成事業では、県が公募で選定した二団体のＮＰＯに対して、資金的な助成と専門家のコンサルティングによる経営指導という二重の支援を二年間にわたって提供するという枠組みとなっていた。そこで、一年目にコンサルティングを通じて組織の向かう方向性を見出したＮＰＯに対して、二年目により具体的で実践的な支援を行うという位置づけのもと、ＮＰＯ支援施策の成果を高める手法として、プロボノが採用されたわけである。

神奈川県との協働事業においては、運営方法にも独自の試みをとり入れた。例えば、主要な打ち合わせの場所は基本的にすべて「かながわ県民活動サポートセンター」において行うこととした。同センターは横浜駅から徒歩五分足らずの便利な場所にある、県が運営する施設である。このような誰にでも集まりやすい公共施設というメリットを生かさない手はなかった。また、限られた予算の中で事業を運営していくためには、事務局運営にかかるコストを抑える必要がある。そのため、プロジェクトのスケジュールのうち、主要な打ち合わせの日程をプロジェクト開始当初に固定し、複数のチームが同時に同じ会場で打ち合わせを開くようにすることで、事務局運営に要する人件費を軽減させた。

参加メンバーに恵まれ、また、神奈川県の職員の方たちの尽力もあり、かながわプロボノプロジェクトは初年度の二件のプロジェクトを成功裏に完了することができた。だが、いくつか教訓となる点も出てきた。その最大の点が、参加者の選定に関することだった。

プロジェクトに参加したメンバーの大半は、意欲もスキルも高いメンバーであり、彼らによってプロジェクトは力強く牽引されていった。だが、当初の参加者募集の際、参加を希望する人についてはできる限り参加を受け入れるという姿勢で臨んだため、一部のメンバーについては、スキルや参加意識の面で温度差が見られる状況も発生した。それは、直接・間接的に、プロジェクトの進行や他のメンバーのモチベーション等にマイナスの影響を与えるものとなった。プロボノプロジェクトを成功させようと思えば、たとえ行政が参加を呼びかけるものであっても、ボランティアとして参加しようとする市民の中からプロジェクトを成功させるために本当に必要な人だけを選抜して、そうでない人に対しては、場合によっては参加をお断りしなければならないこともある、ということに予め腹を括っておかなければならなかったのだ。ただ、現実問題、自ら応募してきたボランティアに対して参加をお断りする、というのは、実に心苦しいことではある。それが特に行政という立場になると難しい側面も出てくるだろう。だが、参加者の選考というプロセスをきちんと経なければ、プロボノが失敗するリスクを不用意に高めてしまうことになる。こうした点は、翌年以後のプロジェクトに引き継がれていくことになるだろう。

いくつかの教訓はあるものの、このプロジェクトは、神奈川県にとっても画期的なものとなった。もともと神奈川県では、県民のボランティア活動を推奨してきたが、ボランティアに参加する世代としてはいわゆる働き盛りの人が少なく、こうした世代にもっと市民活動への参加を呼びかけたい、ということが課題となっていた。そうした中、今回のかながわプロボノプロジェクトでは、まさに働き盛りにあたる人たちが参加し、ＮＰＯの課題とその解決策を真剣に考え、ＮＰＯに対して提案を行い、具体的な成果物を生み出そうとしていた。この姿を目の当たりにした行政の現場の担当者は一様に、いままでにないボランティアのあり方、市民参加のあり方を実感した、と驚きと喜びの感想を寄せている。

5　ふるさとプロボノ

プロボノの可能性はあらゆる地域の行政をはじめとする公共領域に存在しうる。しかしながら、一方で、プロボノワーカーたちは大都市に偏在している。

筆者が運営するサービスグラントも、東京で活動を始めたが、それは必然的な結果であった。というのも、都市に暮らすオフィスワーカーたちのライフスタイルや志向に見合ったボランティアとして、プロボノが受け入れられつつあるからである。だから、こうした〝しくみ〟は、今後、東京以外でも大都市圏であれば成立するかもしれないが、それ以外の地域では、なかなか実現する可能性が低いと感じる読者も多いのではないだろうか。

しかしながら、筆者のもとには、東京のＮＰＯだけでなく、日本各地の団体から、プロボノによるサポートを受けられないか、という相談が少なからず寄せられてくる。そのたびに、移動に要する交通費の問題や距離が離れた地域でのプロジェクトの管理方法の問題などが解決されておらず、心苦しい思いをしながらもお断りをせざるを得ない状況にあった。だが、確かに、都市部以上に、いわゆる地方で活動する団体は、プロフェッショナルスキルを持ったボランティアとのつながりをつくる機会が少なく、事業としての基盤を確立していく上で相談できる相手が少ないのかもしれない。

ＩＴが普及した社会とはいえ、ボランティアは、基本的には、きわめてローカルな存在である。サービスグラントが東京を拠点とするＮＰＯのみを支援対象としている理由も、ＮＰＯやそのステークホルダーへのヒアリングや打ち合わせなどを一定回数行う必要があるため、距離が離れた地域を対象にプロボノによる支援をすることは、移動に要する時間とコストがかかりすぎることから、現実的に困難と考えられるからだ。

しかしながら、地域から数多くの要望を耳にするようになると、そうも言っていられなくなる。いま、日本全体の動向を見ていると、大都市への一極集中が加速している。また、地域では中核都市が一人勝ちし、その周りでは深刻な過疎が進行、そして、日本全体では東京が一人勝ちするという構図に拍車がかかっているようである。このように集中した富とエネルギーを東京の中だけで独り占めするのではなく、地域に還元する方法が必要だ。そこで筆者が提唱するのが「ふるさとプロボノ」だ。

これは、「ふるさと納税」にヒントを得た名称だが、お金で地域を支援するのではなく、スキルやノウハウで地域を支援することが「ふるさとプロボノ」の特徴である。ふるさとプロボノが実現すれば、日本の各地で、前節で例に挙げたような、さまざまな内容の事業にプロボノが関わることが可能になる。地域で活躍するＮＰＯだけでなく、地域の行政事業の成果を高めること、行政事業の妥当性を検証することにプロボノが活躍する、という姿が、東京などの一部の限られたエリアに限らず実現する可能性が開けてくる。

ふるさとプロボノを実現するためには、第４章で述べたようなプロボノのプロジェクトを成功させるためのポイントをすべて踏まえる必要があることは言うまでもないが、これに加えて、都市と地域との距離の問題をどのように解決するか、ということが課題となる。

例えば、ふるさとプロボノによって支援する対象が、北海道のある町における森林活用の取り組みであると仮定しよう。そして、支援の内容については、その町の森林活用の取り組みに関する広報・コミュニケーションの基盤となるホームページの構築として考えてみよう。この場合、プロボノワーカーによるチームメンバーを五人と想定しても、打ち合わせをすべて北海道で実施したとしたら、交通費だけでかなりの費用が必要となる。また、打ち合わせの時間以上に往復の移動に要する時間がかかりすぎることが、プロボノワーカーにとっての負担を大きくする。プロボノワーカーには、個々のスキルを活かした作業に可能な限り多くの時間を使ってもらう、という視点からすると、移動が長くなることは時間的にも効率的にもロスが大きいと考えられる。

そこで、具体的には、初回の打ち合わせのみを地域の現場で実施し、このときだけは三泊四日程度のまとまった期間現地に滞在する。その間に、地域の概要把握に始まり、一〇～一五件程度の地域住民・事業者等に対するヒアリングを集中的に実施したり、文献などの資料収集を行う。そして、以後の作業や打ち合わせは原則として都市部で行う。ヒアリングや文献調査によるとりまとめ報告や、戦略的な提案など、地域側関係者との打ち合わせが必要な場面では、地域側の意思決定者が都市部に出向いて打ち合わせをする形が効果的だろう。また、プロボノワーカーと地域の窓口となる担当者との日常的なコミュニケーションには、インターネットや電話などを補助的な通信手段としてフルに活用していくしかない。このような方式にすることで、距離の離れた地域と都市との間の移動に要する時間とコストを抑制することができ、同時に、最も効果的なプロジェクト運営が可能となるだろう。

ふるさとプロボノ特有の問題点である距離と移動に関しては、以上のような解決方法が考えられる。あとは、他のプロボノプロジェクトを成功させるためのポイントと共通することだが、プロボノによるサポートを受け入れる地域の側の十分な理解が不可欠である。プロボノとして関わるメンバーにどこまで期待することができ、どこから先がサポートの範囲外なのか、について、受け入れ側にも高い意識が求められる。つい、なし崩し的に、あれもこれもお願いする、となりがちだが、それは避けなければならない。また、意思決定の手順が明快であったり、決定事項が後でひっくり返ることがない、といったことの確約も重要だし、意思決定のスピード感も求められる。プロボノワーカーと対等なコミュニケーションをとることができなければ、プロジェクトは中途で頓挫してしまう危険性を常に内包しているだろう。

だが、もし、こうした形でふるさとプロボノが成功した暁には、さまざまな果実が待ち受けている。最終的に生み出される成果物が、地域に新しい人や情報やお金の流れを生み出すかもしれない。それだけでなく、プロジェクトに参加したプロボノワーカー自身も、その地域に対する深い愛着を感じ、時折その地域に足を運ぶような地域のファンになるかもしれない。都市と農村との新しい交流促進のモデルとしても、ふるさとプロボノは、今後その可能性を掘り下げてみたいと筆者自身が感じるテーマである。

6　プロボノの基盤となる行動基準

ニューパブリックマネジメントの中核的な理念である「成果主義」「民間活用」「顧客志向」などの方向性のもと、行政運営のより効果的な手法や積極的な市民参加の取り組みなどが試されている。こうした時代の流れの中で「協働」というキーワードは、行政運営を考える上で欠かせない考え方の一つと捉えられるようになってきたように思う。

特に本書においては、市民と行政との間における協働に焦点を当てながら、協働のスタイルを三つに類型化し、その上で、これから求められる協働とは「成果による協働」であることを述べた。そして、プロボノによる市民と行政との連携は、成果による協働の一形態として今後さまざまな可能性を持ちうるものであることを提案した。プロボノは、行政施策の重要な部分に、ビジネスの思考法やマーケティングの視点を持ち込むことにより、行政に必ずやイノベーションをもたらすだろう。そのことは、戦略構築やマーケティングに十分な人的・資金的リソースを充当できないでいる現状の行政運営のあり方を変えることになるだろうし、結果的に、厳しい財政事情のもとでも、より多くの社会のニーズに行政が効果的に応えていくことに寄与するだろう。プロボノは、社会をよりハッピーにするための大きな力になるはずなのだ。

こうした期待が膨らむ一方で、現実も見なければならない。第4章でも指摘したように、プロボノにはさまざまなリスクがある。おそらく、今後プロボノが市民と行政との関わり方の中にとり入れられていくとすれば、それぞれの現場で新たな課題が発生するだろう。だが、そうした課題が発生したときに、プロボノという手法そのものが誤まっているのか、プロボノを活用する対象の選び方が誤まっているのか、あるいは、プロボノを進めていく上での細部のプロセスに修正を必要とする箇所があるのか、といったことについては慎重に吟味する必要がある。基本的には、プロボノという手法を全否定するよりは、主要な改善点を洗い出し、物事を前向きに進められるにはどうするかを考えるほうが健全であるに違いない。

そこで、ここで改めてプロボノを成立させるための基盤となる三つの行動基準を提示して、本章のしめくくりとしたい。

これらの行動基準が十分に尊重されているにもかかわらず、プロボノが機能していないとすれば、それはプロボノに何らかの限界があったときである。逆に、これらの三つの行動基準が満たされていないなかでプロボノを無理やり導入しようとしているのであれば、プロボノが失敗に終わるのは必然の結果であり、むしろその失敗の要因となっているもの、成功の障害となっているものを取り除くことを真剣に議論すべきである。

（二）明確な成果目標を設定する

第2章において、非営利を標榜する組織においては、売上や利益など金銭という尺度による評価ではなく、成果こそが評価の対象であることを述べた。そして、成果とは人の変化と理解できることに触れた。

行政事業においても、評価の尺度は金銭ではないはずだ。だから、予算がいくら取れたかということは事業の入口に過ぎず、むしろその予算を使ってどれだけの成果を生み出すことができたか、ということこそが意味をなすはずである。

行政事業にプロボノが関わるうえでも、その事業がどのような成果目標を目指しているかが当初から明確であることが基本前提となる。成果目標が明確である、ということは、具体的には、どのような個人あるいは組織等を対象に、どのような行動変容をもたらそうとしているのか、ということの目標が数値で表現できていること、および、その目標を達成するための実施手法および実施体制に関して、現実的な見通しが立っている、ということではないだろうか。

あいまいな課題設定や抽象的な目標設定の上に打ち立てられた行政事業なら、大きな成果を収める可能性はきわめて低い。一方、明快な課題設定や具体的な目標設定がなされている事業であっても、行政事業が十分な成果を生み出すにはさまざまな創意工夫が求められ、ときには悪戦苦闘するような取り組みも必要かもしれない。プロボノが関わる意義が大きいのは、後者のような状況のチャレンジングな事業である。高い成果を生み出す見通しの少ない事業にプロボノをとり入れることは、市民の能力と時間の浪費となってしまうだろう。そうではなく、高い成果を生み出そうと明確な目標を設定し、その目標に向けて知恵を絞り、汗を流している行政事業にこそ、市民がプロボノとして関わり、知恵と、時間と、そして、気持ちとを注ぎ込む価値があるのだ。

(二) プロフェッショナリズムを尊重する

第二の原則は、プロフェッショナリズムに対する厳格な姿勢である。

プロフェッショナリズムを尊重するからこそ、生産的な議論が繰り広げられ、前向きで健全な成果が生み出される。そのためには、一人ひとりのプロフェッショナリズムが何かを明確にしなければならない。このことは同時に、プロフェッショナリズムの枠から外れる関わり方を極力避ける、ということも意味する。プロボノに関わるすべての人が、どこまでがプロフェッショナルの範囲で、どこからはプロフェッショナルの範囲でないのか、という意識を持つことが、両者の信頼関係が醸成される基盤を形成する。

結果的に、プロボノを本当の意味で機能させるためには、参加を希望する市民が、スキルや経験の不足を理由に参加を断られる事態が発生することを想定しておかなければならない。また、プロボノによる支援を受ける側にも、当事者として活動する分野に関して、十分な専門知識を有する責任者が不可欠である。

しばしば、行政職員は自らを「ジェネラリスト」と称することがあるが、そろそろこうした自己認識をあいまいにするような言い方はやめにしてはどうか。少なくとも、プロボノとの関わり方において、行政職員は、行政プロセスのプロフェッショナルとして、あるいは、地域の事情を知るプロフェッショナルとして、市民と正面から向き合うことが求められるだろう。

プロボノは、スキルや専門知識を持てる者から持たざる者に対して行う一方的な支援、ではない。むしろプロボノとは、まったく異なる領域における専門性をもつプロフェッショナルどうしの対話である、という認識が共有されていなければならない。プロフェッショナルどうしの対話だからこそ、プロフェッショナリズムが尊重されるのである。

(三) 改善や変化を受け入れる

第三の原則は、プロボノによって支援される側が、改善や変化を受け入れることに対して前向きな姿勢である、ということである。

プロボノワーカーは、本来的に、事業運営の当事者ではない。あくまで、何らかの事業や活動を支援する側に立つ人びとであって、事業の当事者は支援される側のほうである。しかし、赤の他人でもない。当事者の力強い味方になることはできる。

いわば、プロボノを生かすも殺すも、プロボノを受ける側次第なのである。

プロボノを受ける側に立つ事業運営の当事者が、成果を高めようとする明確な意志をもち、プロボノによる応援を真剣に受け止め、自ら改善や変化へと踏み出せることが、プロボノの価値を決めるものとなる。最初から結論が決まっているような事業や、実施すること自体が目的化し、変化を受け入れる余地のないような事業では、プロボノワーカーの努力はむなしいものとならざるを得ないだろう。プロボノワーカーから寄せられた提案に対して迅速に反応し、理路整然と回答できるような意思決定プロセスを、受け入れ側が確保していることが必要だ。

行政プロセスにおいて、改善や変化を受け入れることを可能にするためには、既存のプロセスとの整合性も求められる。例えば、議会の承認を経て、実施が決定した事業を中止したり変更したりすることには、数多くの困難がある。したがって、行政事業そのものの妥当性を検証するマーケティング調査であれば、議会で検討する以前、事業としての実施の検討に着手する最初の段階で、プロボノをとり入れるという方法が賢明であろう。また、事業の実施段階において、事業の成果を高める施策の推進や成果物の制作においては、実務遂行に自由度を持たせることが、プロボノワーカーの力を引き出す最大のポイントになるだろう。

自身が提供した知恵やスキル、時間や労力が大きく生かされるであろうという確信こそが、プロボノの原動力である。そして、プロボノによる支援を受けるということは、支援される側も、改善や変化をすすんで受け入れることを意味するのだ。

注

（1）総務省「公の施設の指定管理者制度の導入状況等に関する調査」（二〇〇九年十月発表）。

（2）議論を拡散させないために本文では述べなかったが、指定管理者となった民間組織が硬直化し、規定された範囲の業務以外のことには一切チャレンジしないと決め込んでしまう、いわば「民間組織の官僚化」も散見される事態である。民間活用という趣旨を誤った形で実践してしまうことは、結果的には一般市民の利益を損なう以外の何物でもない。

（3）原田晃樹・藤井敦史・松井真理子『ＮＰＯ再構築への道——パートナーシップを支える仕組み』（二〇一〇年、勁草書房）。

（4）構想日本のホームページ参照。http://www.kosonippon/ 構想日本は、企業・行政・学校・ＮＰＯ等で活躍する、専門知識や実務経験をもつ人のネットワークにより構成される非営利のシンクタンク。

（5）米国におけるさまざまなプロボノの事例は、タップルートファウンデーションのウェブサイト参照。http://www.taprootfoundation.org/

（6）神奈川県のＮＰＯ等助成制度「つながりチャレンジ25」。詳細は、神奈川県「かながわ県民活動サポートセンター」のウェブサイト等を参照のこと。http://www.pref.kanagawa.jp/osirase/02/0051/

終章　プロボノ——二〇二〇年

タップルートのアーロンから、久しぶりにメールが届いた。

いつものように、何の前触れもなく、突然に。

「二〇二〇年、プロボノはどうなっていると思うか。」

なんとも、大きな質問が届いたものだ。

以下は、それに対して筆者がこたえた内容に、少しだけ脚色したものだ。

本当にそうなるかどうかは分からない。空想のままで終わるかもしれない。

だが、本書でとりあげてきたプロボノというテーマの先に、果たしてどのような明るい社会の実現があり得るのか。読者のみなさんとともに、自由に想像し、議論するきっかけとなることを願って、三つの短いファンタジーを、ご紹介しよう。

シーン1／二〇二〇年のある新聞記事

「プロボノ参加者 過去最多の二〇万人を突破」という見出しが、朝刊の一面に躍り出た。

日本でプロボノが広がり始めておよそ一〇年という時を経て、プロボノは、日本のビジネスパーソンにとって、ごく当たり前の行動の一つとなったことを告げる記事だ。

その記事によると、二〇万人を超えるプロボノワーカーによる「支援先」の内訳は次の通り。

NPO法人に対する支援	二五、〇〇〇人
公立学校・保育所に対する支援	一〇〇、〇〇〇人

病院・福祉施設に対する支援　三〇、〇〇〇人
中央官庁・政府外郭団体に対する支援　五、〇〇〇人
地方自治体に対する支援　三〇、〇〇〇人
社会起業家・地域産業に対する支援　一〇、〇〇〇人

このように、二〇二〇年のいま、プロボノは、公共領域全般において課題解決を支援する手法として期待されるようになった。

プロボノによって提供される支援メニューは一〇〇種類を超える。マーケティングや広報はもちろん、経営戦略の策定、新商品の開発、人材の適正配置と生産性向上、人事評価制度の導入、規約整備やコンプライアンス対応、外部組織との関係構築など、およそ組織が抱える課題には何らかの形で対応できるようなプログラムが開発されている。

しかも、これらのプログラムは、いつでもインターネットからダウンロードできるようになっており、支援を受ける側と参加するプロボノワーカーとの間で合意が成立すれば、容易にプロジェクトを始めることができる。また、過去の参加者をはじめ、さまざまな実務経験を持つ人たちからのフィードバックを受けることで、日々改善され、完成度の高いものへと進化し続けている。

プロボノを必要とする団体とプロボノワーカーとを仲介するＮＰＯや企業も複数誕生し、活動を広げている。A社は、上場企業三〇社と連携。各企業の社会貢献活動の方針に合致する支援先を選定したうえでプロボノプロジェクトをマッチングする、プロボノのエージェント的機能を担う事業

を立ち上げた。また、プロボノワーカーに対して経営戦略や組織マネジメント等に関する教育サービスをセットにし、企業研修プログラムとして売り出すB社のような動きも出てきた。このような事業が可能になったのも、プロボノが、企業にとって、社会貢献の手法としても、また、人材育成の手法としても、高い効果があると認められるようになってきたことが背景にある。

シーン2／ある小学校に併設された学童保育スペース

放課後の時間、子どもたちが思い思いの時間を過ごしている。向こうのにぎやかなエリアでは、室内ゲームではしゃぐ声が聞こえる。こちらの静かなエリアでは、本を読みふけったり、算数の宿題を解いている子もいる。また、あるグループは校庭に出てボール遊びをしたりもしている。そして、子どもたちの傍らでは、ボランティアとして運営に関わる父母や地域住民が、子どもたちのようすを見守りながら、毎週発行している広報誌の原稿を書いている。保育スペースの利用人数、子どもたちのようす、運営にあたったボランティアの印象などを、それぞれ数行ずつ所定の枠に書き込んでいくだけで、手づくり感のある広報誌ができあがる。

この日のボランティアは四名。それぞれに、全体統括、学習サポート担当、室内遊び担当、校庭担当という役割が割り振られている。

「学童保育のボランティアの役割分担がすっきりして、誰がどんなことをやればいいかがクリアーになってからは、本当に楽になりました」というのは、この日参加したボランティアの声。「以前は、誰がどこまでやったらいいのか、頑張れば頑張るほど一部の人に負担ばかりがかかってしまっていたんです。でも、新しいしくみになってからは、今までボランティアとして関わってこなかったような父母の方や、地域住民の方も入っていただけるようになって、参加の輪が広がりました。それに、以前より、学校の先生たちも生き生きされているようです」

実はこの学校には、二年前にプロボノのプロジェクトチームが入り、学童保育の運営改善のためのコンサルティングを提供した。そこでは、学童保育スペースの運営を担うボランティアが慢性的に不足していたこと、一部のボランティアに過度な負荷がかかっていること、本来は翌日以後の授業の準備に集中すべき学校の先生まで、場合によっては学童保育に関わる状態が日常化しており、教職員への負担にもなっていたことなどの課題点が挙げられた。そこで、プロジェクトチームでは、学童保育スペースに対する理解を得るための情報源として、簡単な広報誌を作成することを提案し、また、ボランティアの役割を明確化し、新規でボランティアとして参加する人に対しては簡単な審査やトレーニングを行うなど、学童保育スペースがより健全で持続可能なかたちで運営されるよう提案を行った。

その結果として、ボランティア数の増加、ボランティア一人あたりの負荷の軽減につながっただけでなく、教職員の気力やモチベーションの向上にもつながった。

このような学校や公共施設の現場における運営改善を支援するプロボノプロジェクトが、ここ数年、急速に広がりを見せている。学校の運営改善におけるプロボノプロジェクトは、子どもたち、親、地域住民、そして教職員という、学校に関わるすべての人にとって待ち望まれるサービスと考えられるようになったのだ。

シーン3／ある地方病院の事務室

夕方七時。一日の仕事が落ち着いた後、病院長、事務長、ソーシャルワーカーが、和やかな表情で集まった。そこにやってきたのは、プロボノプロジェクトのチームメンバーと、「プロボノセンター」から派遣された監査担当者だった。この病院では、患者支援として可能な施策を検討するため、病院の周辺地域で活動する市民団体の実態調査を行い、病院との連携可能な市民団体を抽出するリサーチをプロボノプロジェクトによって行ってきた。そして、今日はプロジェクトの最終日。プロジェクトの完了報告を行い、関わった人たちの労をねぎらうための場だ。そして、この場に同席した「プロボノセンター」の監査担当者とは、プロジェクトが確実に完了したことを見届けるためにやってきた人物だ。

「いやあ、どうしても、毎日病院の中でばかり仕事をしているものですから。地域に根差した医療、とはいうものの、地域のことをまだまだ知らないものだと思い知らされましたよ」と病院長。

「ですが、今回抽出していただいた市民団体と良い形で手を組めば、間違いなく、患者さんのサポートになりますし、病院がもっと明るくなるんじゃないでしょうか」と事務長。

「私たちソーシャルワーカーだけでは人数も限られているし、できることに限りがあると感じることが多かったんです。病院外部の市民団体のことは、知識としては知っていることもありましたが、どのように連携するか、というところまではなかなか頭が回らなかったので、これからが楽しみです」とソーシャルワーカー。

「プロボノセンター」の監査担当者はプロジェクトが確実に成果を上げたことを確認し、その場を後にした。

そして、その年の暮れが近づいた頃。

日本初、いや、おそらく世界で初めてのことが、いよいよ実行に移される。

その年、プロジェクトに参加したプロボノワーカー一人ひとりのもとに、「プロボノセンター」から一通のハガキが届く。そこには、その人が参加した「プロボノ時間」が「認証」されたことが書かれている。さらに、その人の職歴等をもとに算出した基準単価を掛け合わせた、一年間のプロボノ参加の金銭換算値が表示されている。

このハガキは、プロボノワーカーが、年末調整や確定申告で使用することができる公的書類となる。つまり、自治体や社会福祉法人、あるいは、一定の条件を満たすNPO法人に対する寄付が税控除の対象となるこれまでの制度に加えて、二〇二〇年は、プロボノという「スキルの寄付」が税控除の対象として認められた、画期的な年となったのだ。

さあ、ここで描いたような二〇二〇年が、果たして到来するかどうか。

ここからは、読者のみなさんとの、これからの議論に委ねたい。

＊　＊

最後に、本書の執筆にあたっては、勁草書房の長谷川佳子さんに、企画、執筆、校正などすべての過程を通じて気持ちのこもったサポートをいただいた。また、本書の装丁に関しては、サービスグラントのプロジェクトでプロボノワーカーとしてご参加いただいた経験を持つ、グラフィックデザイナーの小栗山雄司さんにお力添えいただいた。

そして何よりも、本書の一行一行には、プロボノワーカーのみなさん、ＮＰＯのみなさん、あるいは、サービスグラント事務局スタッフや、アーロン・ハースト氏をはじめとする米国のタップルートファウンデーションなど、多彩な人たちとの間で繰り広げられた、さまざまなやり取りを通じて頂戴した情報やインスピレーションなどが色濃く反映されている。こうした人との出会いがなければ、本書が世に出ることはなかっただろう。本書は、筆者のものというよりは、こうした、これまで筆者とご縁をいただいたみなさんとの関わりの賜物である。この場でお一人ずつお名前を掲げることはできないとしても、筆者とご縁のあったみなさんに、心からの感謝を申し上げたい。

跋文：人と人をつなぐ――東北関東大震災を乗り越えるために

本書の再校が届いた二〇一一年三月十一日、東北関東大震災が起きた。未曾有の大災害に、折からの寒波が押し寄せ、筆者の手元を離れてこの本が印刷所に入る直前のこの瞬間も、厳しい避難生活をしている人が何十万人もいて、行方不明者が何万人もいるという、本当につらい状況だ。

こういうときに、筆者ができることは何か、と考えた。

そこで選択した行動は、やはり「人と人とをつなぐ」という試みだった。

具体的には、これから長期化が予測される避難生活の厳しさを、少しでも緩和するための一助になればという思いで、「被災者ホームステイ」という呼びかけを行った。これは、被災者が、ゆくゆくは仮設住宅などに移り、さらに、新しい住みかを見つけるまでの過渡期の避難生活の厳しさを、多少なりとも緩和するために、自宅を提供するボランティアを呼びかけるものだ。

粗削りながら、地震発生から四日後の十五日。呼びかけを開始した。

それから五日。ツイッターやフェイスブックで少しずつ知られるようになっていき、登録家庭がもうすぐ一〇〇〇軒を超えそうだ（最新情報は、http://hopestay.net を参照ください）。

英語の堪能なスタッフの力を借りて英語ページを掲載すると、カナダのとある州政府の人から温かいメールが届いた。以前にお世話になった弁護士の先生に、ホームステイを受け入れる際の法的リスクを明らかにし、契約書のひな型をつくっていただくようお願いに行った。

受入家庭の登録に際しては、必要な情報をすべて記入してもらうことも必要だろう。そこには、プロボノやサービスグラントの運営で培った審査とマッチングのノウハウが生きるかもしれない。

ボランティアの募集も急きょ行った。一〇〇〇軒のデータを確認し、利用可能なデータにする作業、ホームステイ開始後のコミュニケーションに対応する作業、ホームステイ生活を送る際のコミュニティづくりなどに、さまざまな特技や専門性を持つ人から次々と参加の手が挙がる。

自分ひとりでできることは限られているが、力を合わせればいろいろなことができる、ということを、改めて実感させられる。

果たして、この本が世に出るとき、その試みが成果を上げているのかどうか、いまは分からない。

災害支援の専門的知識を持つ人からは、後ろ向きなコメントも聞こえてきた。リスクがあることは百も承知だし、もしかしたら余計なお世話をしているのかもしれない、という不安を、自分自身もどこかで感じる。だが、これほどの大災害に及んで、リスクをとらない、ということができるだろうか。自分には、何もしない、という選択肢を、選ぶことができなかった。

高校生の時に聞いたある先生の話で、ボランティアとは「Why Shouldn't I ～」という気持ちだ、という言葉が、いまでも耳に残っている。

誰もがリスクを恐れ、「Why Should I ～?」と口をとがらせ、自分の生活の範囲内にとどまり続けるような場所には、夢も希望もないだろう。

居ても立っても居られないという気持ちに突き動かされ、なんとかして現状を打開しようと思う意志を持った人が集まるところには、たとえ厳しい状況であっても、希望はあるはずだ。

筆者がこれまでに経験した、人と人とをつなぐ難しさと喜びとを思い起こしながら、そして、一人ひとりが持っている力を結集させることで、不可能も可能になるかもしれない。

三月とはいえ、この最悪のタイミングで、意地の悪い寒波が北日本を襲ってきた。数十万人に及ぶ被災者の人たちが、なんとかこの厳しい状況を乗り越えてほしいと祈っている。春は、あと数歩先にはあるのだと。それまで、どうか、命をつないでいてほしい……。今はそう願うしかない。

二〇一一年三月二〇日

震災直後に立ち上げた被災者ホームステイの活動は、一ヵ月後には「ホープステイ」と名称を新たに再出発した。「ホープ＝希望」につながるホームステイという願いを込めている。結果的に四千を超える受入家庭が集まった。ホームステイのマッチング実績件数自体はまだわずかだが、被災者と首都圏の人たちとのかけがえのない貴重な出会いがあり、宝物のようなストーリーが生まれてきた。ここでもボランティアの力は偉大だった。受入家庭と被災者をつなぐ「コミュニケーション担当」のボランティアが、急を要するマッチングにも機敏に対応し、医療や仕事など様々なニーズを抱える被災者の滞在中の生活をサポートしている。震災という非常事態に直面し、様々なレベルでの支援活動がおこなわれる中で、多くの市民が実感を持って気付いたことは、地縁や血縁、日ごろの仲間内などを超えて「つながる」ことの価値ではなかっただろうか。

二〇一一年六月三〇日

嵯峨生馬

本書刊行から一年足らずの間に、プロボノは着実な広がりを見せている。プロボノを募集するNPOや、プロボノとして社会貢献に取り組む社会人を見かける機会が増えてきた。筆者が運営するNPO法人サービスグラントも、広島県や佐賀県を皮切りに、日本各地の中間支援型NPOとともに地域におけるプロボノの取り組みを始めた。二〇一二年春からはプロボノプロジェクトをコーディネートする人材研修プログラムも開始した。

今年四月以後、NPOをめぐる環境も変化した。その一つが、NPO法人が期末に作成する計算書類が従来の「収支計算書」等から「活動計算書」へと変更されたことだ。特に、金銭の収支のみでなく、事務所等活動拠点の提供や物品の寄贈、ボランティア等役務の提供等、金銭以外の収支についても活動計算書に明記することになった。本書一二七頁では、プロボノの価値の数値評価について触れたが、執筆当初は、プロボノの金銭価値を明示することに若干の躊躇があった。だが今後は、活動計算書に明示する根拠となる評価額をNPOに開示することが求められる。プロボノプロジェクトにかかる工数やその市場価値を積極的に評価し数値化する、という方向へと舵を切りたい。

海外に目を向ければ、今年二月末に、本書の韓国語版が刊行された。直後から反響が大きく、企業が数百冊単位でまとめ買いする現象も起きている。また、米国のタップルートファウンデーションのモデルは、中国、フランス、ドイツ、コスタリカなどに広がっている。来年初頭にはニューヨークで各国のプロボノ運営団体が結集する話も持ち上がっている。もちろん、筆者も参加予定だ。海外のプロボノの広がりに接して、改めて日本のプロボノワーカーに目を向けると、世界共通のメンタリティを感じる。それは、「いま持っているものを、どのように配分するか」という視点だ。

一方、高度成長の思考法は「いまよりも多く、人よりも多く、どれだけ稼ぐか」と言える。稼いだ分は税金として払い、福祉をはじめとする社会的配分を担うのは行政だった。ところが、いまは市民が、自己の資源の配分を考えるようになってきた。プロボノという形でスキルを配分すること、寄付という形でお金や物品を配分することなど、配分する資源やその手法は人によってさまざまだろうが、プロボノは、間違いなくその有力な選択肢となりつつある。ひと昔前まで行政が配分の担い手だったことと対照的に、市民が、自身の能力や資産をどのように配分するかを考える、という社会。それこそまさしく「市民社会」ではないだろうか。プロボノの手法を深めるとは、市民社会を機能させるための科学であり、実践的技術を探求する営みとも言えるだろう。

本書のエピローグでは、二〇二〇年の青写真を描いた。そこにある、自治体、学校、病院等でのプロボノ活用に向けた道筋には、まだ手がつけられていない。だが、活動計算書をめぐる最近の変化にもあるように、NPOやプロボノをめぐる環境は常に変化する。新しい社会のしくみをつくる準備は、常にしておかなければならない。

二〇一二年五月二二日　三刷に寄せて

嵯峨生馬

著者略歴

1974年　神奈川県横浜市生まれ
1998年　東京大学教養学部第三類（相関社会科学）卒業
　　　　日本総合研究所を経て，地域通貨やNPOの可能性を広げる仕組みづくりに携わる
現　在　特定非営利活動法人サービスグラント代表理事
　　　　特定非営利活動法人アースデイマネー・アソシエーション代表理事
著　書　『地域通貨』（NHK生活人新書，2004年）

プロボノ　新しい社会貢献　新しい働き方

2011年4月20日　第1版第1刷発行
2013年1月25日　第1版第4刷発行

著　者　嵯《さ》峨《が》生《いく》馬《ま》

発行者　井村寿人

発行所　株式会社　勁《けい》草《そう》書房

112-0005 東京都文京区水道2-1-1　振替　00150-2-175253
（編集）電話 03-3815-5277／FAX 03-3814-6968
（営業）電話 03-3814-6861／FAX 03-3814-6854
本文組版 プログレス・平文社・青木製本所

ISBN978-4-326-65362-1　　Printed in Japan